단박에
사람 읽기

내 얼굴과 타인의 얼굴에 나타난
기질과 성격을 안다면 얼마나 인생에 도움이 되겠는가?
인상학을 공부해야 하는 이유다.

단박에
사람 읽기

초판 1쇄 2016년 12월 10일
초판 2쇄 2016년 12월 30일

지 은 이   박교숙
펴 낸 이   이금석
기획·편집   박수진
디 자 인   김국회
마 케 팅   곽순식
경 영 지 원   현란
펴 낸 곳   도서출판 무한
등 록 일   1993년 4월 2일
등 록 번 호   제3-468호

주   소   서울 마포구 서교동 469-19
전   화   02)322-6144
팩   스   02)325-6143
홈 페 이 지   www.muhan-book.co.kr
이 메 일   muhanbook7@naver.com

가   격   14,000원
I S B N   978-89-5601-345-9 (03190)

단박에

사람
읽기

박교숙 지음

무한

머리글

인상학, 그 신비의 세계로

2005년 어느 날, 서점에서 내 시선을 멈추게 하는 책을 발견했다. 〈얼굴경영〉 '얼굴을 경영한다고?' 책 내용이 궁금해서 퇴근시간만 기다렸다. 380페이지에 달하는 두꺼운 책을 2~3일 만에 독파했다. 너무나 생소한 〈얼굴경영〉이란 책의 매력에 푹 빠졌다. 주옥같은 내용들은 마치 첫사랑처럼 설레고 뜨겁게 내게 다가왔다.

이 책은 결국 '인상학'이라는 신비의 세계로 나를 이끌었고, 나는 저자의 제자가 되었다. 인상은 살아 움직이는 생물이다. 자신의 마음을 어떻게 경영하느냐에 따라 얼마든지 얼굴도 경영할 수 있다는 것이 바로 '인상학'의 매력이다. 인상학은 얼굴의 정보를 읽어서 단순히 운명만을 읽는 기술이 아니라, 얼굴의 정보를 활용하여 미래를 준비하는 미래지향적인 학문이다. 사회에서는 '좋은 인상'이 경쟁력이 되었다.

강의하는 틈틈이 '박교숙의 인상학 Talk'이라는 글들을 블로그와 SNS에 올리기 시작했다. 2년여를 꾸준히 쓰고 있었는데, 블로그에 실린 글을 보고 출간 제의가 왔다. 망설임도 있었지만, 한편으로 인상학은 미신이 아니라 체계적인 과학임을 알리고 싶었고, 인상학으로 상대방을 이해하는데 도움을 주고 싶다는 생각이 들었다. 외모의 아름다움을 우선시하는 사회 풍토에 내면을 가꾸는 일이 더 중요하다는 사실을 전하고 싶다는 마음도 생겼다. 오랫동안 조직관리를 하면서 어려움을 겪었던 일도 떠올랐다. 이런 생각들은 결국 출간을 계획하게 만들었다. 그러나 틈틈이 글을 쓸 때와는 차원이 달랐다. 출산의 고통이 따른다는 말을 온몸으로 깨닫는 힘들고 어려운 시간들이었다.

이 책은 크게 4장으로 구성되어 있다. 1장 단박에 과거와 미래 읽기, 2장 단박에 성격과 가능성 읽기, 3장 단박에 재운 읽기, 4장 단박에 유명인 얼굴 읽기를 소개하였다. 사람의 얼굴을 읽는다는 것이 쉬운 일도 아니지만, 글로 표현한다는 것은 더욱 어려운 일이었다. 제대로 읽으려면 그 사람의 전체적인 모습과 마음, 얼굴의 색과 풍기는 기운, 눈빛까지 종합해서 봐야 한다. 사진을 보고 읽는다는 것과 지면으로 다 표현할 수 없다는 한계 또한 아쉬웠고 쉽지 않았다. 혹시라도 누가 되지 않을까 죄송스러운 마음이 들었으나, 감동과 희망을 주고 성공한 삶을 산 분들이어서 유명인의 얼굴을 읽는 용기를 낼 수 있었다.

인상은 스스로 만들어가기도 하지만 주변 사람들의 영향도 많이 받는다. 좋은 인상은 개인뿐만 아니라, 건강한 가정과 사회를 만드는데 밑거름이 된다. 좋은 사회를 만드는데 도움을 준다는 측면에서 널리 혜량하여 주었으면 한다.

인상학을 공부하는 가장 큰 목적은 사람을 판단하기 위함이 아니라, 자신의 얼굴과 마음을 관리하는 데 있다. 이 책을 읽은 독자들이 좋은 인상을 만들어서 행운을 불러들이고, 얼굴의 정보를 읽어서 그 정보를 다양한 분야에 활용하는데 도움이 되었으면 좋겠다. 사람을 제대로 읽으려면 만 명을 봐야 한다고 배웠다. 앞으로도 끝없이 정진해야 하는 큰 과제 앞에서 옷깃이 여며지고 고개는 저절로 숙여진다.

생각해보면 많은 분들의 도움으로 여기까지 올 수 있었다. 국내 최초로 얼굴경영학과를 개설하여 새로운 길을 열어주신 인상학박사 1호 주선희 교수님, 부족한 원고를 반짝이는 책으로 만들어주신 무한출판사 손호근 대표님과 편집부 박수진 님, 응원해준 김향숙 님, 권순재 님, 지인들과 친구들, 그 외 많은 분들께 감사의 마음을 전한다. 끝으로 무슨 일을 하든 절대적인 지지와 격려로 용기를 준 나의 가족에게 사랑하는 마음과 고마운 마음을 가득 담아 이 책을 바친다.

－藝松軒에서 藝松 **박교숙**

얼굴에 해당하는 나이

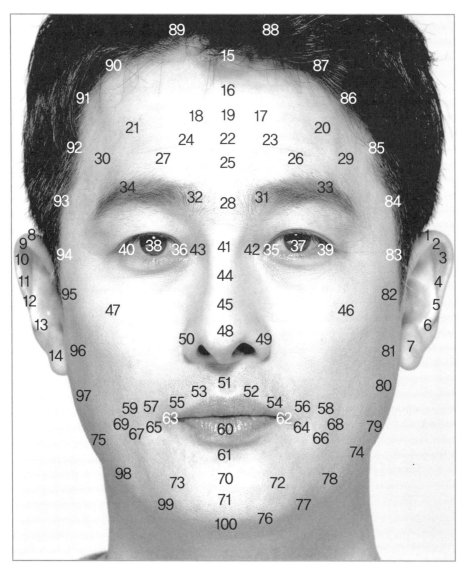

* 여자는 반대로 본다.

인상학(人相學)이란?

손자는 "적을 알지 못하고 나만 알면 한 번은 이기고 한 번은 지게 될 것이며, 적을 알지 못하고 나도 알지 못하면 싸울 때마다 반드시 위태롭게 될 것이다 不知彼而知己 一勝一負 不知彼不知己 每戰必殆"라고 〈손자병법〉 모공 편에서 결론 내린다. 그렇다면 무엇을 알아야 하는가? 기후와 기상, 지형과 지리적 이점, 지도자의 능력, 무기와 군사의 숫자, 그리고 버틸 수 있는 식량 등 적군의 질적인 문제까지 알아야 한다. 이것은 비단 피가 튀는 전쟁에서만 해당되는 것일까?

우리 삶 또한 매일매일이 전쟁터다. 전쟁터 같은 세상에서 다치지 않고 살아남기 위해서는 나와 상대방에 대해서 정확하게 알아야 한다. 뿐만 아니라 나와 상대방을 이해할 수 있으면, 누가 누구를 이기는 것이 아니라 상생하게 된다. 이런 사회적인 환경 때문에 인상학의 중요성은 점점 부각되고 있다. 그리고 정확성과 신뢰성의 수준을 높이면서 학문적인 연구로 이어지고 있다.

印象과 人相은 어떻게 다른가?

점점 '인상'의 중요성을 깨닫게 되는 현대에는 많은 사람들이 인상 印象과 인상人相이 어떻게 다른지를 궁금해한다. 印象과 人相의 발음은 같으나 한자가 다르듯이 그 뜻도 다르다. 印象은 상대에게 각인된 모습이고, 人相은 생김새 즉 실제의 모습이다.

이 책에서 말하고자 하는 것은 人相이다.

印象 – 모양이 찍히는 것

印象은 '무섭게 생겼다', '착하게 생겼다', '야무지게 생겼다' 등의 느껴지는 느낌이나 감정이다. 따라서 주관적이고 개인마다 다르다. 특히 첫印象은 사람을 보자마자 얼굴과 외모 전체를 3~10초 사이에 매우 간략하게 이미지만 파악해서 머릿속에 새겨지는 것을 말한다. 그래서 첫인상이 바뀌려면 60번은 만나야 바뀐다고 한다.

人相 – 얼굴과 표정, 몸의 생김새와 골격

印象에서 받는 느낌이나 감정이 실제로 얼굴 생김새 중에서 구체적으로 왜 그런지가 설명되는 것이 人相이다. '대머리는 공짜를 좋아한다', '쪽박이마 복 없다', '턱없이 까분다'처럼 생활 속에서 흔히 쓰는 말들은 상당히 인상학적으로 맞고 구체적인 표현들이다. 몇 초안에 상대의 느낌만을 보는 것이 아니라 캐리커처를 그리듯이 얼굴을 분석하는 것이다. 人相은 생김새에 따른 성격과 더불어 운세까지도 파악하는 것으로 印象과는 기본적으로 다르다. 그러나 좋은 인상 人相을 가져야 좋은 인상印象을 줄 수 있으니, 人相과 印象의 관계는 멀고도 가깝다고 볼 수 있다.

人相과 觀相은 어떻게 다른가?

  인상은 사람 인人과 서로 상相, 관상은 볼 관觀과 서로 상相으로 이루어져 있다. 글자 그대로 풀어본다면 둘 다 '사람과 사람이 서로 상을 보는 것'이다. 인상학과 관상학의 역사도 같다. 기원전 6세기경 노나라 숙복이 창시하여 남북조 시대에는 달마대사의 〈달마상법〉으로, 송나라 초기에는 마의도사의 〈마의상법〉으로 정리된 것이 오늘날까지 내려온 것이다.

  우리나라에서는 허준과 이제마가 병을 진단하는데 얼굴색을 참고하여 보았고, 요즘은 '생긴 대로 병이 온다' 하여 얼굴의 생김새나 색깔로 병을 진단하는 형상의학이 있다. 그렇다고 관상학이 동양의 학문만은 아니다. 서양에서도 고대로 거슬러 올라가면 그리스에서 관상학을 서양 문명의 일부로 간주했다. 의학의 아버지 히포크라테스는 몸과 얼굴 모양으로 성격과 병을 알아보려 했고, 철학자 아리스토텔레스는 얼굴을 보고 성격을 읽는 방법을 정리해 놓기도 했다. 서양상법을 주도한 인물들이 최고의 철학자, 과학자, 의학자들이다. 관상학은 이처럼 동서양을 막론하고 위대한 학자들에게도 자연스럽게 이어져오고 있다. 그렇다면 인상학과 관상학은 무엇이, 어떻게 다른가?

- 관상 – 타고나는 것, 생긴 대로 산다.
- 인상 – 살면서 바뀌는 것, 살면서 완성되며 사는 대로 생긴다.

인상학에서는 30%는 변하지 않는 타고난 부분이며, 70%는 후천환경이나 노력에 의해서 살면서 만들어진다고 본다. 관상학이 타고난 운명론에 비중을 더 둔다면, 인상학은 스스로의 노력으로 바꿀 수 있다는 개척론에 비중을 더 둔다. 이런 관점의 차이가 인상학과 관상학의 가장 큰 차이다.

인상으로 옛날에는 길흉화복을 주로 봤지만 현대는 건강, 에너지, 기운, 기질과 속성을 먼저 본다. 그렇다고 인상학에서 길흉화복을 배제하는 것은 아니다. 타인의 상을 보고 운명과 미래를 예측해 준다는 것은 쉬운 일이 아니어서 옛날에는 비기秘記에 속했다. 단순히 인상학의 지식이 깊다 해서 남의 운명을 섣불리 볼 수는 없기 때문이다.

또 보이는 얼굴만 보는 것이 아니라 보이지 않는 심상心相과 사회적인 상까지 봐야 한다. 부족한 곳이 있으면 좋은 곳이 있고, 얼굴보다 행동과 말씨 등에 숨은 복이 있는 경우도 있기 때문에 잘 관찰해서 종합적으로 판단해야 한다.

얼굴은 마음을 비추는 거울이어서 심상이 좋은 사람은 인상이 좋을 수밖에 없고, 인상이 좋다는 것은 심상도 좋다고 본다. 설사 상이 부족하다고 느껴도 본인의 노력으로 얼마든지 좋아질 수 있다는 것, 살면서 완성되며 '사는 대로 생긴다'는 것이 바로 인상학의 핵심이다.

: 차례 :

1장 단박에 과거와 미래 읽기

1마당   성공운은 얼굴에 있다

2마당 몸에 숨겨진 복을 찾아라

2장 단박에 성격과 가능성 읽기

1마당 적재적소 인사관리

2마당 인상마케팅, 고객을 알면 돈이 보인다

3장 단박에 재운 읽기

1마당 부자의 얼굴을 살펴보자

2마당 복을 부르는 얼굴 경영

4장 단박에 유명인의 얼굴 읽기

1마당 하늘의 복을 받는 마당, 이마 / 대인관계의 통로, 눈썹

2마당 속일 수 없는 마음의 창, 눈

3마당 재물이 쌓이는 금고, 코 / 명예가 소중한 광대뼈

4마당 복을 담는 그릇, 입 / 노후를 보장하는 안심보험, 턱

부록 재미있는 인상이야기

1장

단박에 과거와 미래 읽기

: 1마당
성공운은 **얼굴**에 있다

귀 – 어린 시절을 안다

1등만이 대접받는 한국 사회에서 인재의 키워드로 '인성'이 떠오르고 있다. 대기업이나 대학에서 사람을 뽑을 때 사람의 됨됨이까지 고려하고 있는 추세다. 인성은 5세까지 형성되어 평생을 살아가는 '생각의 힘'이 된다. 인성은 학교가 아닌 가정에서 형성되므로 가정교육이 중요하다. 태교부터 시작해서 14세까지의 가정교육만 잘 받아도 심성이 반듯한, 올바른 인격체로 자란다. 인상학에서는 귀에서 유년기를 보고 건강, 심성, 가문, 성격을 본다.

얼굴이 예쁘고 잘생겨서 전체적인 인상이 좋아도 귀가 못 생겼거나 귓불이 없다면, 어머니가 임신 중에 힘들었다고 본다.

• 귀가 못생겼거나, 귓불이 없는 귀 – 어머니가 임신 중에 힘들었다.

• 잘생긴 귀 – 어린 시절에 가정교육을 잘 받았다.

　태교는 배 속의 아기가 건강하게 잘 자라도록 좋은 환경을 만들어주는 것을 말한다. 태아가 발달할 때 가장 먼저 생기는 부위가 귀라고 한다. 엄마의 배 속이 안정되고 편안하다면 아기의 귓바퀴가 예쁘게 형성되고, 귓불이 도톰하면서 연골도 바르게 붙는다. 경제적인 고통, 건강상의 문제, 가족의 무관심으로 스트레스를 받으면 아기의 귀는 예쁘게 만들어지지 않는다. 아기의 귀모양은 전적으로 엄마 배 속의 환경에 달려 있다. 그렇기 때문에 가족들은 건강하고 편안한 태교를 할 수 있도록 적극 협조해야 한다.

　14세까지의 가정환경과 가정교육을 볼 때도 귀를 보고 판단한다. 귀가 반듯하게 잘생긴 아이는 부모와 스승의 말이나 윗사람의 말을 잘 듣고 모범적으로 자란다. 이런 아이는 성인이 되어서도 반듯한 성품으로 사회생활과 가정생활을 잘하고, 조직에 순응하기 때문에 공직이나 기업 등의 조직생활에도 잘 맞는다.

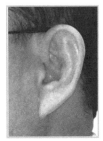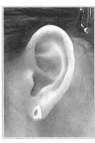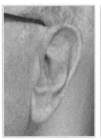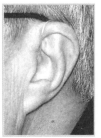

이회창 대표의 귀　　김연아 선수의 귀　　워렌 버핏의 귀　　김종인 대표의 귀

　이회창 전 한나라당 대표, 피겨퀸 김연아 선수의 귀가 대표적으로 잘

생겼다. 김형석 교수(연세대 명예교수)는 한국 철학계의 대부로 불린다. 96세인 요즘도 여러 곳에서 강의를 하고, 방송에도 출연하며, 책도 집필 중이다. 김 교수는 보청기 없이도 어떤 질문에도 흐트러짐 없는 답을 한다. 87세인 '오마하의 현인'이라고 불리는 미국의 기업가이자 투자가인 워렌 버핏도 좋은 귀를 가지고 있다.

귀가 큰 사람은 사회운, 재물운, 가정운, 건강운이 모두 좋다. 귓불까지 길면 복귀라 해서 장수와 유복한 표상임을 입증해주고 있다. 귀가 커도 단단하고 두텁지 않으면 해당되지 않는다. 오히려 작아도 의지가 강함을 나타내는 단단하고 두툼한 귀를 더 좋게 본다.

- 귀의 중앙에 연골조직이 튀어나온 귀 – 개성이 강해서 튀는 기질이 있다.
- 앞을 향해 있는 귀 – 사람은 좋지만 우유부단하다.
- 정면에서 봤을 때 잘 보이지 않는 귀 – 양보와 타협보다는 자신의 뜻을 관철하는 의지력이 강한 리더상이다.
- 낮은 위치에 있는 귀 – 초년운이 약한 자수성가형이다.
- 높은 위치에 있는 귀 – 적극성, 결단력이 있는 젊어서 성공하는 좋은 상이다.

귀는 코끝에서 눈썹 사이에 있어야 표준인데, 박정희 대통령의 귀는 눈 밑으로 아주 낮은 위치에 있다. 이런 귀는 초년에 고생하는 자수성가형이어서 좋다고 볼 수는 없으나, 한동안 귀의 위치는 낮아야 좋다고 알려졌다는 일화가 있다. 반대로 코에서 시작하여 눈썹 위까지 높이 있는 귀는 젊어서 성공하는 좋은 상이다.

귀 안의 연골조직이 튀어나온 귀는 화려한 생활을 하면서 튀고 싶어 하기 때문에 연예인들한테 많이 볼 수 있다. 배우 원빈, 개그맨 박명수, 가수 이승기 외에도 많은 연예인들의 귀는 거의 연골조직이 튀어나왔다. 형식에 얽매이지 않고 개성이 강해서 평범한 조직생활에는 맞지 않는다. 공부의 길로 갈 만큼 학벌이 좋은 연예인도 넘치는 '끼' 때문에 연예계로 진출하는 것이다. 그러나 연골조직이 튀어나오면 독창성과 '끼'는 있어도 자칫하면 제멋대로인 사람으로 보일 수 있다.

정면 돌파형인 더불어민주당 김종인 비상대책위 대표의 귀는 칼귀다. 귓불이 없는 칼귀는 성격이 급해서 옛날에는 좋게 보지 않았는데, 요즘에는 귀에 대한 해석이 많이 달라졌다. 칼귀는 시대의 흐름을 잘 읽고 앞장서서 변화를 주도하고, 독창적인 아이디어, 빠른 결정, 결단력이 있어서 현재는 좋게 본다. 칼귀는 일에 있어서는 좋게 보지만, 조급해서 여유가 없을 수 있다.

예전에는 귓불이 두툼해야만 재물이 풍족하다고 보았으나, 요즘에는 칼귀도 순발력이 있기 때문에 노력하면 재물이 따른다고 본다. 뺨이나 턱에 살이 붙으면 칼귀의 귓불도 조금씩 도톰해진다.

- 귓불이 두툼한 사람 – 계획성이 뛰어나고 조직생활에 능하며, 두툼한 귓불이 입을 향해 있다면 인복이 있어서 늦게까지 돕는 사람이 있다.
- 귓구멍이 큰 사람 – 대담하고 쾌활한 성격으로 모든 일에 적극적이고 통도 크다.

2년 전 우리나라를 방문한 프란체스코 교황의 귀는 크고 길다. 교황은 크고 긴 귀로 약자들과 가난한 사람들의 말까지 다 들어 준다. 경청이란 단어에서 '들을 청聽'자를 살펴보자. 매우 큰 귀로 상대의 이야기에 집중하고, 10개의 눈으로 상대를 바라보며, 이야기를 들을 때 상대의 마음과 하나가 되어야 한다는 의미를 담고 있다. 말은 적게 하고 듣기는 많이 하라고 입은 1개고, 귀는 2개다.

아동화를 연구하는 학자들에 의하면 인물화를 그릴 때 귀를 그리지 않는 아이는, 부모를 불신하거나 반항적인 기질이 있는 경우가 많다고 한다. 아이의 생각을 부모가 들어주지 않았던 것이다. 자녀의 말을 들어주기만 해도 지혜로운 부모가 되는데 말이다.

귀는 몸의 축소판이면서 원기를 관장하는 신장과 관련이 있다. 신장, 방광이 허약하면 귀가 어두운 이유다. 귀가 붉다면 병은 없어도 피곤하다는 신호이니, 이럴 때는 쉬면서 컨디션 조절을 해주어야 한다. 귀의 기색을 살피면서 건강을 체크할 수 있다. 배우자를 선택할 때, 직원을 채용할 때, 사업파트너를 결정할 때, 겉모습만 보고 사람을 판단하기에는 왠지 믿음이 안 간다면 귀를 한 번 살펴보라! 귀를 통해 건강과 심성, 가정환경, 가정교육까지도 알 수 있다. 귀에는 그 사람의 어린 시절의 이력서가 고스란히 들어있기 때문이다.

이마 – 조상의 덕과 윗사람에게 받는 사랑을 알 수 있다

'공짜를 좋아하면 머리가 벗겨진다', '대머리는 공짜를 좋아한다'라는 말이 있다. 왜 그런 말이 나왔을까? 이마가 넓은 사람은 좁은 사람보다 노력에 비해 결과가 쉽게 얻어져서 나온 말이다. 앞부분의 머리카락이 빠져서 이마가 넓은 사람은 사회에서도 영향을 미치는 일들이 점점 늘어나고 있다. 알고 보면 대머리라고 고민할 필요가 없고, 가발 쓸 일도 아니며 오히려 부모님한테 감사할 일이다.

형제가 여러 명이 있다면 이마가 넓은 사람이 장남이거나, 장남의 역할을 하는 경우가 많다. 당연히 남편의 이마가 넓으면 맏며느리든 아니든 시부모를 부양해야 한다. 이 또한 이마 넓은 남편을 만나서 주어진 의무이니 어쩌겠는가.

만약에 여자 이마가 뒤로 넘어갈 만큼 넓으면 친정의 모든 궂은일을 이마가 넓은 딸이 하는 경우가 있다. 머리가 좋고 똑똑해서 무슨 일을 시켜도 잘 해내기 때문에 어디서든 감투 쓰고 많은 일을 하게 되어 있다. 흐리멍덩하게 하는 꼴은 마음에 들지 않아서 힘들어도 본인이 나서서 한다. '팔자'라는 소리를 하면서 말이다. 남녀 모두 이마가 넓으면 복도 일도 많은데 모든 게 '꼴'의 값을 치루는 것이다.

- 간을 엎어 놓은 듯한 넓은 이마 – 직관력과 사회성이 좋고 출세운이 있다.
- M자형 이마 – 이마의 양측이 발달한 M자형 이마는 독창력과 추리력이 뛰어나서 학문이나 미술, 음악, 문학, 설계 등 예술 분야에 뛰어난 재능이 있다.
- 변지역마(양이마 가장자리 주변)가 넓은 이마 – 눈치와 추리력이

좋아서 사막에서도 살아남을 만큼 적응력이 뛰어나다

- 위와 옆이 모두 좁은 이마 – 속이 좁고 답답하며 사회성이 떨어지고 적응력도 약하다.

이마에서 머리카락이 나는 경계선을 발제라고 하고, 발제의 생김새를 보면 정서 상태를 알 수 있다. 발제에 잔털이 많아서 이마를 잠식하면 딴생각을 많이 한다. 아이의 이마에 잔털이 많다면 '끼'가 많다고 보고 예체능에 관심이 있는지 살펴보는 게 좋다. 이런 아이는 책상에 오래 앉아서 공부하기보다 다른 생각을 더 많이 한다. 탤런트 김태희는 서울대 출신의 엘리트다. 그녀한테 있는 '끼'는 큰 눈, 큰 눈동자에도 들어있지만 이마의 잔털에서도 볼 수 있다.

발제라인이 깨끗하지 않고 들쑥날쑥하면 매사에 부정적이고 반항심이 크다. 특히 윗사람의 말에 고분고분하지 않아서 손해 보는 일이 많다. 일 처리도 애매모호하게 하는 타입이며, 돌다리도 두드리다 놓친다. 발제는 깨끗하게 다듬어 주는 게 좋다.

얼굴에서 12개의 복으로 나누어 설명하는 12궁에서 이마의 정중앙인 중정이 관록궁이다. 관록궁이 둥그스름하고 깨끗하면 관운과 명예운이 있다.

대표적으로 김영삼 전 대통령, 이명박 전 대통령, 김태영 전 국방부 장관 등의 이마를 보면 훤하게 넓고 이마의 가운데가 빛이 날 만큼 윤택하다. 넓기도 하지만 간을 엎어놓은 듯 둥그스름한 모양이어서 제일 좋은 이마다. 고위직 공무원이나 기업의 임원 중에는 출세와 명예를 보는 이마가 좋은 사람이 많다. 이마가 넓고 밝은 사람은 명석한 머리, 시험운, 관운이 있어서 '소년등과'의 운세가 있다고 보기 때문이다.

그렇다고 이마가 좁은 사람이 출세를 못하는 것은 아니다. 노무현 전 대통령이나 현대그룹의 정몽구 회장을 비롯한 오너일가들의 이마는 두텁기는 하지만 좁고 편편하다. 노무현 전 대통령은 초년부터 고생을 많이 한 입지전적인 인물이다. 현대그룹의 오너들도 많은 재산을 물려받았지만 스스로의 노력으로 더 많이 일구어야 되는 자수성가형의 이마다. 넓고 좋은 이마를 가진 사람보다 노력도, 고생도 많이 해야 된다는 뜻이다. 살집이 없는 넓은 이마보다 좁아도 살집이 있는 이마에는 재물복이 들어 있다.

 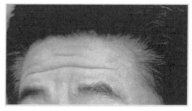

김태영 전 국방부 장관의 이마   노무현전 전 대통령의 이마

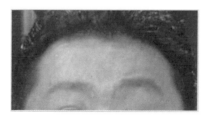

한의사 이경제 원장의 이마

세상을 바꾸고, 세상을 움직이는 인물들은 한결같이 이마가 넓고

둥글고 깨끗하다. 그래서 이마를 보고 세상을 움직이는 원동력이라고도 한다. 앞쪽 뇌를 의학용어로 전두엽이라고 하는데, 넓고 둥근 이마에 앞쪽뇌가 더 발달해 있다. 전두엽이 발달하면 평범한 사람들과 달리, 보이는 세상을 넘어서 보이지 않는 세상까지 볼 줄 안다.

넓은 이마에서 오는 창의력과 상상력으로 독특한 예술세계를 구축했던 비디오 아트의 창시자 백남준 선생은 TV를 기계로 보지 않고 생물체로 보았다. 20세기 위대한 천재 파블로 피카소는 과거와의 단절을 꾀하고 새로운 문화를 추구하면서 큐비즘을 창시했다. 페이스북의 마크 저커버그, 구글의 레리 페이지와 세르게이 브린, 애플의 고 스티브 잡스, 마이크로소프트사의 빌 게이츠는 IT로 세상을 바꾸었다. 이들의 이마는 한결같이 뼈가 다 살아있으면서 넓고 둥글고 깨끗하다.

이외수 작가는 이마에 주름은 많지만 눈썹 양 끝부분부터 위로 올라가면서 이마뼈가 솟아 있어 머리가 좋다. 그는 육안, 심안, 영안으로 사물을 본다고 한다. 사과를 볼 때 육안으로는 '먹는 것', '빨간색', '동그란 모양'으로 보이고, 심안으로 보면 '농부의 정성'이 느껴진다. 햇빛과 바람을 느끼고 자연의 섭리라고 느껴질 때는 영안으로 본다는 것이다. 이렇게 세상을 바꾸는 천재들은 넓고 둥근 이마에 전두엽이 특별하게 발달되었다.

이마가 넓고 잘생겼다고 해서 모두가 출세하고 성공하는 것은 아니다. 이마가 넓고 턱이 부족한 사람은, 아이디어와 생각은 많지만 실천력이 떨어진다. 이 중에는 부유하게 자라고 높은 수준의 교육을 받았어도 우유부단하고 유약하게 살아가는 사람도 있다.

이마가 좁은 사람은 생각이 떠오르면 바로 행동하고, 그 다음 일은 뛰면서 생각한다. 한의사이자 방송인인 이경제 원장의 이마는 위로는 좁아도 옆이 넓고 살집이 있으며 턱이 좋다. 한의대를 졸업하자마자 경험도 없을 나이인 25세에 한의원을 개원하고, 29세에는 굵직한 곳에서 강의도 많이 했다. 기회가 오면 망설이지 않고 행동으로 옮기는 실행력은 좁은 이마가 유리하다. 실행력이 좋다 하여 앞뒤 안 보고, 계획 없이 무조건 달려 나가는 행동을 말하는 것은 아니다.

갖고 있는 게 많으면 성공하는데 유리할 것 같지만 꼭 그런 것은 아니다. 〈실행이 답이다〉를 쓴 저자는 개인과 기업의 성공 키워드를 '실행'이라고 말한다. 좋은 생각을 가지고도 실행하지 않는 사람보다 생각이 떠오르면 바로 실행하는 사람이 성공한다는 것이다.

인상학적으로 설명한다면 '생각만 하는 넓은 이마'보다 '먼저 행동하는 좁은 이마'가 오히려 성공하는데 가능성이 높다고 본다. 결국은 행동이 머리를 지배하는 것이다. 이마만 가지고 판단할 수는 없지만 이마의 주인이 어떻게 사용하는지가 더 중요하다. 이마와 턱이 좋아서 아이디어도 많고 행동력까지 있다면 '금상첨화'겠지만 말이다.

기름을 부은듯 번질거리고, 먼지 낀듯 이마의 색이 어둡다면 어떻게 봐야 할까? '나, 지금 너무 힘들어요'라는 신호다. 가끔 얼굴을 살펴보고 휴식이 필요할 때는 과감하게 내려놓고 쉬어 주는 것, 그게 바로 '얼굴 경영'의 첫걸음이다.

눈썹 – 대인관계와 지혜를 알 수 있다

산천이 아름다우려면 산림과 초목의 빼어남이 구비되어야 하는 것처럼 눈썹 또한 그렇다. 산천이 얼굴이라면 초목은 눈썹을 말하는 것으로 눈썹의 중요함을 비유한 표현이다. 눈썹은 교감신경과 부교감신경이 관장하기 때문에, 화가 나면 눈썹이 일어나고 마음이 가라앉으면 눈썹도 차분하게 눕는 등 눈썹은 기쁨과 분노, 성격과 현재의 감정 상태를 나타낸다.

눈썹이 좋으면 어려운 일, 안 되는 일 등 그 어떤 갈등도 부드럽게 풀어낼 줄 아는 지혜가 있다. 감정을 다스릴 줄 알아서 정서적으로 안정된 사람이기 때문이다. 그러나 눈썹이 역립이 되면 다툼이 있을 수 있기 때문에, 특히 청소년기에는 눈썹이 차분한지를 잘 살펴봐야 한다.

옛날에는 눈썹을 형제궁이라 하여 형제를 주로 봤으나 요즘은 대인관계를 같이 본다. 눈썹이 좋은 사람은 '귀신이 돕는다'고 할 만큼 주변에 도움의 손길이 많으며 인덕도 많다. 눈썹의 길이는 콧방울과 눈꼬리를 일직선으로 연결할 정도면 표준이고 속살이 보일 정도의 숱이면 적당하다.

· 남자의 눈썹이 좋은 경우 – 여성한테 인기가 많고 처덕이 있다.
· 여성의 눈썹이 좋은 경우 – 좋은 남편을 만나는 경우가 많다.

탤런트 김수현의 눈썹

야구선수 이대호 선수의 눈썹

눈썹이 좋으면 31~34세에 좋은 운이 따른다.

탤런트 김수현처럼 남자의 눈썹이 두껍고 짙으면 형상의학에서는 혈기가 왕성하다고 본다. 강한 기운이 밑에서부터 올라와 눈썹이 발달하는 것이다. 짙은 눈썹을 가진 사람들은 넘치는 에너지로 적극적이고 의욕적이어서 안 되는 일도 할 수 있다면서 앞장서서 밀어붙이는 행동파다. 결과를 생각하면서 하기 때문에 열심히 하고 한 가지 일에 몰두를 잘한다. 한발 물러서지도, 사과하지도, 아쉬운 소리도 못하는 성격이다. 자기주장이 강해서 자칫 주위 사람들과의 관계가 불편할 수도 있지만 뒤끝은 없다. 다행히 김수현의 눈썹은 차분하게 잘 누워있어서 대인관계는 괜찮다.

곱상하게 잘생겼지만 만만하게 볼 수 없는 강한 기질이 굵고 짙은 그의 눈썹에 들어 있다. 눈썹이 짙은 사람이 웃지 않으면 차갑고 냉정하게 보이기 때문에, 연기할 때를 제외하고 언제나 웃어야 좋은 운이 기다린다. 남자의 눈썹이 좋았다가 빠지는 시기가 있다면 직장에서나 가정에서 어려움이 있는 것으로도 본다.

반면 시애틀 매리너스에서 활약하는 이대호 선수는 눈썹이 아주 옅다. 짙은 눈썹과는 달리 무슨 일이든 무리하게 밀어붙이기보다 순리대로 해결하는 타입이다. 눈썹이 옅어도 잘 누워있어서 대인관계에는 문제없으나 외로움을 즐기는 사람이다. 평소에는 조용하지만 재치와 유머가 있어서 어디서든 분위기를 유쾌하게 만들 줄 아는 인기맨이다.

옅은 눈썹이 어느 날 갑자기 짙어지는 경우가 있다. 이럴 때는 수 기운이 강해져서 건강도 좋아지고 일도 잘 풀릴 징조로 본다.

정홍원 전 총리의 처진 눈썹은 아래로 내려갈수록 숱이 많고 차분하게 잘 누워 있다. 눈썹이 처진 사람은 순해 보이지만 의외로 본성이 강하고 요령도 있다. 타산적이어서 쓰러져도 그냥 일어나지 않는 특성 때문인지, 정재계에서 성공한 사람 중에 이런 눈썹을 볼 수 있다. 그러나 자기를 내세우지 않고 무조건 '예스맨' 역할만 한다면 점점 아래로 처진다. 반대로 눈썹 끝이 올라간 눈썹은 무관의 형상으로 강인하고 도전적이며, 눈썹 숱이 짙기까지 하면 기질과 기가 더 강하다.

- 앞부분의 털이 서 있는 눈썹 – 안주하면 안 된다는 생각에 항상 긴장하면서, 끊임없이 자기 성장을 위해 노력하는 사람이다.
- 앞부분은 숱이 많고 끝이 점점 흐려져서 아주 약한 눈썹 – 눈의 길이보다 눈썹이 많이 짧거나 끝이 약하면 일의 마무리가 약하고 결과도 미흡하다. 이런 사람은 살면서 어려운 일이 생기면 주변의 도움을 받기가 어렵고, 인맥이 필요한 일보다 혼자 하는 일이 더 맞는다. 눈썹 끝이 흩어진 사람도 대인관계에서 약하다.

정홍원 전 총리의 눈썹

무라야마 도미이치 전 일본 총리의 눈썹

일본에서는 매국노로 불릴 만큼 '일본이 과거사를 사죄하지 않는 것'에 끝까지 맞선 사람이 있다. 무라야마 도미이치 전 일본 총리는 92세의 나이에도 그의 정치적인 소신을 끝까지 굽히지 않고 일본의 잘못된 역사 인식을 바로 잡으려 노력하는 정치인이다. 그가 고령에도 활동할 수 있는 에너지는 숱 많은 하얀 눈썹에서 나오는 것이다. 하얗고 숱이 많은 눈썹은 나이가 들어도 에너지가 강해서 늦게까지 일할 수 있다. 나이가 든 사람 중에 몇 가닥의 긴 눈썹長眉이 나는 사람이 있는데, 에너지가 강해서 오래도록 사회생활을 할 수 있다.

눈썹을 어떻게 그리느냐에 따라 확연히 달라지는 인상 때문에 눈썹은 '신의 한 수'가 되기도 한다. 한때는 여성들이 강해 보이는 각진 눈썹을 선호했는데 요즘은 어려 보이는 도톰한 일자 눈썹이 핫 트렌드다. 소녀시대의 효연은 데뷔 초부터 각지고 산이 높은 짙은 눈썹으로 활동했다. 잘 웃는 얼굴이지만 웃지 않을 때 언뜻 보면 어딘가 화나 보인다. 인상학적으로도 짙고 각진 눈썹은 자기주장, 의지력, 결단력이 타의 추종을 불허할 만큼 강하다. 그러던 효연이 눈썹 모양만 일자로 바꿨을 뿐인데 한층 부드럽고 여성스러워졌다. 눈썹 하나로 몰라볼 정도로 예뻐진 효연 때문에 본격적으로 '일자눈썹' 붐이 일어났다.

소녀시대 효연의 데뷔 초 눈썹   소녀시대 효연의 바뀐 눈썹

그러나 일자눈썹―이라고 더 부드러워 보이는 것은 아니다. 짙고 완벽한 일자눈썹은 인상도 강해 보이고 실제 성격도 강하다. 맡은 일을 끝까지 해내는 책임감은 있지만 말과 행동이 직선적이고 외골수다.

소녀시대 효연처럼 약간 도톰한 일자눈썹으로 그려주면 여성스럽고 동안으로 보인다. 화장은 여성들에게만 주어지는 특권이다. 부드럽고 여성스럽게 보이고 싶을 때는 약간 둥글게, 자기주장이 필요할 때나 카리스마 있게 보이고 싶으면 조금 짙고 각지게 그려주면 좋다. 재치 있고 발랄하게 보이고 싶을 때는 눈보다 약간 짧게 그려주면 효과적이나, 너무 가늘게 그리면 대인관계가 약해 보인다.

눈썹은 보수관保壽官이라 해서 바로 아래에 있는 눈을 보호해주는 기능적인 면은 물론이고, 美와 運을 결정하는 중요한 역할을 한다. 첫인상에서 눈썹이 차지하는 비중도 아주 크다. 사람을 처음 만났을 때, 상대방의 눈을 본다지만, 눈을 똑바로 응시하기 어려워 눈과 함께 눈썹을 보게 된다.

첫인상에서 가장 눈에 띄고, 또렷하게 기억에 남는 곳이 바로 눈썹인 것이다. 그런데 16세기 르네상스 시대에 레오나르도 다 빈치가 그린 초상화인 모나리자에는 눈썹이 없다. 여러 가지 추측이 있는데 그 중 하나가 그 당시 눈썹이 없는 것이 '미의 기준'이라는 것이다.

모나리자처럼 눈썹이 없는 얼굴을 한 번 상상해보라! 그 어떤 미남, 미녀도 눈썹이 없으면 괴물같이 보일 것이다. 좋은 인상과 깔끔한 외모가 경쟁력인 시대에 눈썹만 좋아도 반은 점수를 따고 들어간다. 뿐만 아니라 남녀를 불문하고 부티 나고 고상한 얼굴에는 반드시 '잘생긴 눈썹'이란 공통분모가 존재한다. 역시 얼굴의 완성은 눈썹이다.

눈 - 맑고 반짝이는 눈에서 건강한 정신이 나온다

인상학에서 눈이 차지하는 비중이 매우 커서 '얼굴이 천 냥이면 눈이 구백 냥'이라는 말을 많이 한다. 또 눈을 '돌출된 뇌'라도 하는데, 눈은 우리 몸에서 유일하게 뇌와 직접 연결되어 있고 많은 정보가 들어 있다.

사람을 만났을 때 제일 먼저 눈을 보는 것은, 눈을 통해서 상대방의 마음을 읽을 수 있기 때문이다. 회의를 할 때, 대화를 할 때, 판매를 할 때도 상대의 눈을 본다. 아무리 그럴 듯한 말을 해도 눈에서 진의를 감지하지 못하면 믿을 수 없는 것은, 눈에 精, 氣, 神이 머물러 정신적인 것이 나타나기 때문이다. 얼굴이 잘생겼어도 눈에 들어 있는 정신이 바르지 못하고 살아있지 않으면 소용이 없다. 눈에 해당하는 나이가 35~40세이지만, 운기를 볼 때는 언제나 눈과 같이 봐야 한다.

눈이 큰 사람은 온갖 세상의 아름다움에 쉽게 동화되고 자신의 감정을 잘 표현한다. 눈이 커서 보는 것도, 보여주는 것도 좋아하므로 화려하게 살고 싶어 하고 배경, 간판, 학벌, 명성을 중시한다. 성격 또한 활발하여 사교적이고 세상 돌아가는 많은 일에 관심이 많은 반면, 싫증도 빨리 느낀다. 너무 솔직해서 속마음을 감추지 못해 비밀이 없다. 연예인들 중에 이런 눈이 많다.

작은 눈은 반대로 소박한 삶을 추구하기 때문에 화려한 직업을 선택하지 않는다. 반가워도 크게 표현하지 못하고 세상사에 다양한 관심보다 한두 가지라도 깊이 파고든다. 햇빛을 볼록렌즈로 비췄을 때 어떤 현상이 일어나는가? 빛이 한곳으로 모아져서 종이를 태우는 것처럼 작은 눈은 대단한 집중력을 발휘한다.

눈이 작은 사람은 말이 없어서 속마음을 알 수 없으나 욕심도 많고 돈 관리도 철저하다. 마음속에 감춰둔 목표를 달성할 때까지 자기와 싸우면서 묵묵히 인내하며 노력하는 타입으로 경쟁 상대가 타인이 아니라 언제나 자기 자신이다.

눈이 돌출되어 출안인 방송인 전현무는 조선일보 공채기자가 된지 1주일 만에 퇴사하고, YTN 공채 아나운서를 거친 후에 KBS 공채 아나운서로 합격하는 등 언론고시계에서는 전설적인 이력을 가진 인물로 유명하다.

출안과 갈색 눈동자에 들어있는 '끼'로 이전까지는 없었던 '예능 전문 아나운서'로 자리매김하더니 케이블, 종편 채널에서도 신규 예능 프로그램이 생기면 십중팔구는 그가 맡는다. 눈이 튀어나온 사람은 뛰어난 관찰력과 감각 그리고 번쩍이는 아이디어가 많고 기회 포착도 잘한다. 배포도 크고 대담한 데다 밀어붙이는 추진력까지 있어서 앞으로도 주목받는 일들을 해낼 것이다.

대표적인 출안 이건희 회장

구글 경영자 래리 페이지의 눈

구글의 최고 경영자인 래리 페이지는 돌출된 눈과는 반대인 움푹 들어간 옴팡눈이다. 이런 눈을 한 사람은 조용하고 수줍어서 자기표현에 서툴고 내성적인 성격으로 속마음을 알기 어렵다. 겉으로 드러내지 않고 끈질기게 매달려서 일을 성취한다. 사람을 상대하는 직업에는 어울리지 않지만 자신을 이해해주는 사람을 만나면 자기의 능력을 최대한 끌어올린다.

경영자의 눈이 짧고 각이 졌다면? 짧은 눈은 계획에 능하고, 각진 눈은 어려울 때마다 감정을 표출하기보다 속으로 삭히면서 사업을 일으켰음을 말한다. 사업체와 직원들에 대해서는 세심하게 살피고 걱정하며 배려하는 마음도 크다.

눈이 짧으면 오늘 할 일은 오늘 하지만, 눈이 길면 중요한 일부터 하고 멀리 내다보는 안목이 있다. 눈이 '길다, 짧다'는 양쪽 귀와 귀 사이의 눈이 있는 라인에 눈이 7개가 들어가는 것으로 가늠한다. 눈과 눈 사이에 하나, 눈 끝에서 귀까지 사이에 2개가 들어가서 총 7개가 들어가는 눈이면 얼굴과 균형이 맞는다. 〈별에서 온 그대〉에서 이재경 역을 맡은 배우 신성록은 '소시오패스' 캐릭터로 나온다. 극 중 이재경은 자신의 성공을 위해 거짓말과 계산적인 행동을 하면서도 겉으로는 아주 친절하다. 자신의 목적을 위해서라면 수단과 방법을 가리지 않는다. '악역의 아이콘'이라 할 만큼 속내를 알 수 없는 눈빛은 겉과 속이 아주 다르고 이기적인 인물이다. 이재경의 눈은 좌우 크기가 다르고 한쪽 눈의 아래로 흰자가 보인다. 두 눈의 크기가 다른 음양안과 하삼백안(좌우와 아래에 흰자위가 드러난 눈)으로 이재경의 캐릭터를 최대한 악하게 표현했다.

- 음양안

  짝짝이 눈을 말하는데 한쪽 눈은 자신을 드러내면서 나서기 좋아하는 양의 기질이고, 다른 한쪽 눈은 속을 감추고 싶어 하는 음의 기질이다. 외향성과 내향성을 같이 가지고 있어서 파악하기 어려운 이중적인 성격이다. 반면에 머리가 좋고 돈에 대한 감각이 빨라서 이재에 밝다. 이명박 대통령도 대표적인 음양안이다.

- 하삼백안

  치켜뜨면 눈동자가 더 올라가는 눈으로 야심 있는 냉정한 사람이다. 이런 눈은 목표를 정하면 무서운 집념이 있어서 반드시 결과를 만들어 낸다. 아래의 흰자위가 약간만 보일 듯한 하삼백안은 성공운이 있는 눈으로 본다. 그러나 흰자위가 많이 보이면 남을 깔보는 듯해서 건방져 보이고, 비현실적인 상상으로 현실과 동떨어진 이상의 세계를 꿈꾸기도 한다.

좋은 눈은 흰자와 검은자가 분명하고 맑다. 눈이 맑고 반짝거리며 빛이 나는 사람은 반드시 큰일을 한다. 정치가든, 학자든, 운동선수든, 눈동자만 보아도 성공 여부를 알 수 있다. 눈의 형태보다 맑은 눈에서 나오는 건강한 기운과 눈빛이 더 중요하다.

눈에는 그 사람의 심성이 그대로 드러난다. 눈이 선량하면 심성도 착하고 눈빛이 깨끗하면 영혼도 깨끗하다. 눈동자를 굴리거나 뒤를 힐끗힐끗 본다든지, 시선이 바르지 못하면 뭔가 숨기는 게 있는 것이다. 그래서 입을 믿기보다 항시 상대방의 눈을 읽을 수 있는 지혜가 필요하다. 눈에서 힘이 느껴지는 사람은 눈으로 제압하기 때문에 많은 사람을 따르게 하는 힘이 있다. 매사에 자신감이 있는지 없는지는 눈에서 나타나므로 자신감이 없거나 거짓이 있을 때는 눈을 쳐다보지 못한다. 눈으로 말하고, 눈으로 웃고, 눈으로 모든 것을 가리킬 수 있어야 하는데 말이다. 깊은 명상과 기도는 눈빛을 그윽하게 만들어주고, 사랑을 하면 눈은 더 맑아진다. 많이 웃고 자기표현을 자주 하는 사람의 눈매는 편안해지고 고와진다. 눈이 얼마나 중요하면 '해와 달'이라고 표현했을까? 구백 냥짜리 눈만 잘 관리해도 천 냥짜리 얼굴은 저절로 빛이 나는 것이다.

코 – 건강과 부를 상징한다

'클레오파트라의 코가 조금만 낮았다면 세계의 역사가 변했을 것이다.' 파스칼이 그의 명상록 〈팡세〉에 쓴 글이다. 클레오파트라의 코가 낮아서 미인이 아니었으면 카이사르와 안토니우스가 클레오파트라에게 빠지지 않았을 것이고 악티움 해전도 없었으니 역사는 달라졌을 거라는 뜻이다. 예나 지금이나 높고 뾰족한 코는 미의 기준이고 로망이다. 뾰족한 코는 상대에게 져주기보다 이기려는 성향이 강하고 성공에 대한 욕망도 크다.

상대방의 잘못을 보면 그냥 넘어가지 않으며, 이성적으로 판단해야 할 때는 아픈 소리를 해서라도 일의 매듭을 지을 줄 안다. 높고 뾰족한 코가 명석하고 예쁘기는 하지만, 재물을 상징하는 준두(코끝)와 콧방울은 약하다. 이런 사람은 돈에 연연하기보다 우아하고 도도한 모습으로 격 있게 사는 삶을 선호한다.

- 높은 코 – 자기위상을 나타내는 코가 높으면 콧대가 세서 먼저 마음을 열지 않으며, 생활이 어려워도 허드렛일은 못할 만큼 자존심이 강하다. 코가 너무 높으면 고집이 세고 개인주의 성향이 강해서 외롭다. 자기주장이 강해서 사람 상대하는 직업보다 학자 같은 자기신념을 가지고 하는 일에 적합하다.

- 낮은 코 – 자존심을 세우기보다 의견을 수렴하면서 상대에게 잘 맞추기 때문에 좋아하는 사람이 많다. 인간적이고 겸손하지만, 지나치게 자신을 낮추면 주관이 부족하고 격이 낮은 행동을 할 수도 있다.

- 코끝이 뾰족한 코 – 사람을 예리하게 보고 아픈 소리도 잘 하는 냉정한 성격이다. 너무 뾰족하면 지는 것을 매우 싫어하고, 욕심이 아주 많다.

- 아래가 넓고 두툼한 코 – 실행력도 있고 웬만한 실패에는 좌절하지 않으며 재복이 있다.

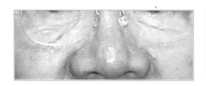 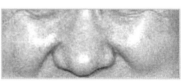

전두환 전 대통령의 코 　　　　　 노태우 전 대통령의 코

우리나라 역대 대통령 중 전두환, 노태우 전 대통령의 코가 가장 좋다. 특히 전두환 전 대통령의 코는 콧대가 굵게 내려오면서 준두와 콧방울이 풍부하고 탄력이 좋다. 중년이 지나면서 부를 이루는 사업가의 코를 가졌다. 재물을 모으는 곳간인 코가 좋아서 엄청난 비자금도 챙겼지만 재

임기간 중 우리나라 경제가 가장 좋았음은 부인할 수 없다. 박정희 전 대통령이 경제의 기반을 다졌다면 코가 좋은 전두환, 노태우 정권에서 경제의 꽃을 피운 것이다. 여성의 코가 아래가 넓고 두꺼우면 억척스럽고 어디서나 남을 리드하는 기질이 있다.

• 긴 코

가보지 않은 길을 가면서 가능성을 발견하고, 불굴의 의지와 도전정신으로 정답을 찾아내는 실천적 지식인 브리꼴레르는 정주영 회장이고, 책상 앞에만 있는 똑똑한 머리보다 일단 해보자며 덤비는 '해봤어?'는 바로 현대정신이다. 하늘이 무너져도 솟아날 구멍이 있다는 절대긍정으로 궁리에 궁리를 거듭하면서 많은 일을 해냈는데, 대표적인 일화가 빈대와 보리밭 사건이다.

이러한 정주영 회장의 지칠 줄 모르는 강력한 실행력과 도전정신은 그의 쭉 뻗은 두껍고 긴 코에서 나온다. 코가 긴 사람은 한 번 결정된 일에 대해서는 쉽게 타협하지 않고, 물러서지 않는 아주 강한 책임감이 있다. 한 우물을 파면서 한 분야에서 정진하기 때문에 언젠가는 성공한다. 이런 개척정신과 도전정신으로 성공시킨 현대자동차, 현대중공업, 현대건설 등 굵직한 사업은 한국의 경제를 일으키는 초석이 되었다. 자신의 위상을 나타내는 코에서 자신감과 비겁하지 않은 당당함이 보인다.

• 짧은 코

가수이자 만능 예술인인 조영남의 코는 짧다. 가수로, 그림을 그리는 화가로, 10여 권의 책을 집필한 작가이기도 하다. 코가 짧으면 다양한 분야에 관심이 많아서 한 가지를 오랫동안 깊이 있게 하는 것을 싫어한다. 대신 순발력이 좋아서 타협도 쉽고 변화가 필요할 때 속전속결로 대처하는 장점이 있다. 상황판단이 빨라 임기응변에 능하지만 실수도 많이 한다. 그가 자유분방하고 낙천적으로 살아가는 것도 짧은 코와 무관하지 않다. 짧은 코에 살집이 많으면 재물복이 있는데 연예인 중 가장 비싼 집을 소유하고 있다. 긴 코는 변화를 주지 못해 기회를 놓치는가 하면, 짧은 코는 너무 여러 우물을 파느라 기회를 놓치기도 한다.

- 매부리코
  탤런트 신현준의 매부리코는 정확하고 치밀하며 경쟁심이 있고 자기 현시욕이 있다. 넉살이 좋고 유들유들해서 어떤 일에도 동요되지 않는 배짱이 있으며, 특히 돈 냄새를 캐치하는 재주가 있다.

- 화살코
  탤런트 정보석의 화살코는 느긋하기보다 일을 밀어붙여서 해내는 타입으로, 한 번 시작하면 끝까지 해낸다. 시작도 잘하지만 늘 새로운 일을 꿈꾸고, 콧방울이 잘 부풀어서 돈이 따르는 코다.

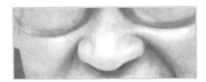
현대 정주영 회장의 코

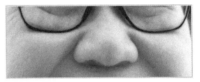
예술인 조영남의 코

탤런트 신현준의 코

탤런트 정보석의 코

찰스의 외도로 결혼생활이 평탄치 않았던 영국의 왕세자빈 다이애나 스펜서의 코는 휘어졌다. 찰스와의 이혼 후 이집트 출신의 백만장자의 아들과 연인관계라는 소문과 함께 파파라치의 끈질긴 추적은 계속되었다. 결국 추격을 피하려 과속 운전을 하다 다이애나 비는 교통사고로 숨지는 비극을 맞았다. 여성의 코에서 남편을 보기도 하는데, 여성의 휘어진 콧대는 남편 복이 없다는 말이 틀린 말이 아니다.

코와 척추와의 관계는 아주 커서 재물창고인 코가 좋으려면 척추가 반듯해야 된다. 코가 틀어지면 마음도 틀어지고 코가 바른 사람은 마음도 바르다고 본다.

'귀 잘생긴 거지는 있어도 코 잘생긴 거지는 없다'는 말은 相을 주술쯤으로 생각하는 사람들도 쉽게 하는 말이다. 12궁에서도 코를 '재백궁'이라 하는 것만 봐도 재물과 관련해서 코의 비중이 얼마나 큰 지 알 수 있다. 그렇다고 코에서 재물만 보는 것은 아니다. 코에는 몸 안에 있는 오장육부의 모습이 다 들어있다. 그러니 코를 '건강의 척도'라 하고 튼튼한 몸에서 나오는 건강한 에너지가 재물을 만드는 것이다.

대부재천大富在天 소부재근小富在勤은 '큰 부자는 하늘에서 내리고 작은 부자는 근면함에서 온다'는 뜻이다. 재물과 건강 외에 코는 '실행력'을 보는 중요한 부위이다. 아무리 머리에서 좋은 계획을 세워도 코에서 실행하지 않으면 계획으로 끝나고 만다. 그러니 얼굴에서 소부재근小富在勤의 주인공은 부지런하고 노력하는 코인 것이다.

좋은 코는 전체 얼굴의 3분의 1을 차지한다. 또한 코의 선이 반듯하며 광대뼈와 조화를 이루고, 적당한 살집이 있어야 한다. 좌우 콧방울은 재물을 보관하는 금고, 즉 금갑金甲으로 공격과 방어력, 아내의 내조, 자녀복, 저축 능력 등을 본다. 콧방울에 비해 코끝(준두)이 큰 사람은 욕망이 크고 돈도 잘 굴린다. 코끝이 둥글게 두툼하고 콧방울이 탄력 있게 부풀었다면 재백궁이 좋고 위기가 와도 헤쳐 나갈 수 있는 자신감이 있으며 48~50세의 운기가 좋다. 콧날이 가늘고 콧방울이 약해서 전체적으로 좁은 코는 머리는 좋지만 재물하고는 거리가 멀다.

튼실한 코는 중년의 왕성한 경제활동을 나타내며 두꺼운 콧대는 건강과 부를 상징한다. 콧구멍까지 보이지 않으면 재물과 에너지를 확실하게 지키고 검소하게 산다. 콧구멍이 크면 마음이 넓고 화통하나 말실수를 할 수 있고, 콧구멍이 작으면 소심하고 융통성이 부족하다. 웃을 일도, 화낼 일도 없이 무덤덤하게 사는 사람은 콧방울이 발달하지 않을 뿐더러 오히려 코가 날씬해진다. 콧방울에 탄력이 붙고 두툼하게 원만한 모양의 잘생긴 코를 만들려면 많이 웃으면서 적극적으로 살아야 한다. 재물이 쌓이고, 재물을 키우는 멋진 코를 위해 웃고 또 웃자.

광대뼈 – 명예를 자랑하고 에너지를 가늠한다

일본 작가 시오노 나나미의 광대뼈는 보기 드물 정도로 크다. 고등학교 시절 호메로스의 〈일리아드〉를 처음 읽고 유럽의 신화와 역사에 매료되었다. 독학으로 르네상스와 로마 역사를 공부한 세월이 37년이다. 일본인 작가가 16년 동안 15권의 〈로마인 이야기〉를 통해 고대 로마의 역사를 그려냈다. 이러한 작가로서의 열정, 집념, 에너지는 그녀의 큰 광대뼈에서 나오는데, 인상학에서는 광대뼈를

'관골'이라 하고, 관골의 크기로 힘을 가늠한다. 그렇다고 체력만 보는 것이 아니라 기력氣力과 사회적인 파워, 즉 권력權力도 같이 본다. 광대뼈가 큰 사람 중에 대표적인 인물이 고 노무현 대통령이다. '친노세력'이 말해주듯 그의 큰 광대뼈는 많은 사람들을 거느리며 권세를 보여준다. 높은 자리에 있어도 광대뼈가 약하면 파워가 없고 더 이상의 발전은 어렵다. 코가 높은 사람보다 광대뼈가 큰 사람이 훨씬 더 뻗어 나가는 것은, 주위에 자신을 지지하고 도와주는 사람이 많이 있기 때문이다. 그러므로 광대뼈는 사회와 나와의 관계를 보여주기도 한다. 광대뼈가 큰 여자를 '옛날에는 팔자가 세다 또는 과부팔자'라고 했다. 무능한 남편 대신 고생하는 여자를 빗대어 나온 말이다. 요즘처럼 사회활동을 많이 하는 여성을 보고 그렇게 말할 수는 없지만 억척스러운 것은 사실이다. 그 억척스러움 때문에 성공한 여성들이 많은데 옛날의 과부상이 오늘날에는 리더상이 된 것이다.

광대뼈는 항상 코와 같이 봐야 한다. 코가 높아도 광대뼈가 크면 높아 보이지 않고 광대뼈가 작으면 코는 높아 보인다. 코가 높다, 낮다는 남과 비교하는 게 아니라 내 얼굴에서 특히, 광대뼈와의 조화를 보고 판단한다. 광대뼈에 살집이 있는지 없는지에 따라 기질도 많이 다르다. 살집이 있는 큰 광대뼈는 승부욕을 드러내지 않을 뿐 밀어붙이는 힘과 저력이 있다. 광대뼈가 좋으면 46~47세의 운기가 좋다. 얼굴에 있는 뼈에 부딪쳐 울리는 소리가 목소리를 결정짓는다. 그래서일까? 광대뼈가 큰 가수들이 많고, 가창력으로 극찬을 받은 K팝스타들은 한결같이 광대뼈가 크다.

　배우 고현정의 절대 동안의 비결은 통통하면서도 입체감이 살아있는 얼굴윤곽에서 찾을 수 있다. 가장 돋보이는 곳은 '앞광대'로 드세보이는 옆광대와 달리 앞광대가 살짝 있는 얼굴은 볼륨감을 주기 때문에 한층 얼굴이 작고 어려 보인다. 적당히 돌출되어 부드러워 보이는 앞광대는 턱선과의 조화로 46세인 그녀를 대표적인 동안 배우로 만들어 준다.

작가 시오노 나나미의 광대

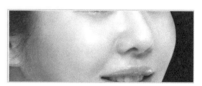
배우 고현정의 광대

　영원한 갭틴 박으로 불리는 박지성 선수는 광대뼈의 근육이 발달해서 눈꼬리까지 올라붙었다. 광대뼈에서 나오는 동물적인 감각으로 공을 놓치지 않고 골로 연결시키는 것이다. 욕심과 경쟁심을 겉으로 드러내지 않으면서 굉장히 노력하는 사람이다.

• 앞광대 – 공격형

　앞으로 돌출한 정도가 크면 클수록 자기주장이 강하고 성격이 급하며 의욕과 경쟁심 등을 겉으로 드러내지만 뒤끝은 없다.
　공지영 작가의 광대뼈는 앞으로 돌출한 공격형이다. 그녀의 광대뼈에서 나오는 기질이 작품과 작가로서의 활동에 그대로 드러나는 것이다. 그녀는 대한민국 최고의 베스트셀러 작가이자, 〈도가니〉, 〈의자놀이〉 등 사회 문제에 직접적인 발언을 하는 행동적이고 실천적인 작가다.

트위터에 느낀 대로 감정적인 말을 자주 올려서 논란이 되기도 한다.

• 옆광대 – 수비형

옆으로 넓게 벌어지고 돌출되지 않은 광대뼈는 욕심, 저항심, 경쟁심이 있으나 서두르지 않고 겉으로 드러내지 않는 저력이 있다.

나이는 동갑이지만 성향이 완전히 다른 신경숙 작가는 광대뼈가 옆으로 벌어진 전형적인 수비형이다. 독자의 내면에 아스라한 향수를 불러일으키면서 문학적 울림을 이끄는 작가다. 〈겨울우화〉, 〈풍금이 있는 자리〉, 〈강물이 될 때까지〉, 〈엄마를 부탁해〉 등 제목만 봐도 어떤 성향의 글을 쓰는지 알 수 있다. 누구에게나 공감이 가는 이야기들을 주로 쓰고 사랑의 아픔과 상처를 희망으로 표현한다. 수비형의 기질답게 정치적인 문제들도 대놓고 언급하지 않는다. 크게 논란이 되었던 표절에 대해서도 빠르고, 솔직하게 대응하지 못했다. 오히려 시간을 끄는듯 보여 해명은 변명처럼 들리게 됐다.

두 작가의 광대뼈가 다르게 생긴 것처럼 작품의 성격도 문제 해결방식도 판이하게 다르다. 아기를 낳을 병원을 선택할 때, 분유를 고를 때, 유치원부터 시작해서 대학교를 선택할 때, 직장을 구할 때와 사업을 시작할 때, 배우자를 고를 때, 아파트를 살 때와 빚을 져서라도 평수를 늘릴 때, 차를 살 때, 장례식을 치룰 때조차도 평판은 선택에 상당한 영향을 끼친다. 평판이란 타인의 눈에 비친 자신의 이미지다. 평판을 지나치게 신경 쓰는 사람은 당연히 명예욕이 크다.

한국 사회가 유독 평판을 강하게 의식하는 이유는 무엇일까? 인상학적으로 본다면 평판은 광대뼈와 많은 연관이 있다. 특히 한국인의 광대뼈가 무척 큰 것과도 관계가 있다고 볼 수 있다. 평판에 민감하고 명예욕이 큰 사람은 광대뼈도 크다. 관골이 큰며느리는 설사 시어머니가 싫어도 남의 시선을 의식하기 때문에 시어머니한테 잘한다. '효부'라는 칭찬을 듣기 위해서다. 칭찬이 아닌 흉으로 남의 입에 오르내리는 것은 자존심이 허락하지 않는다. 광대뼈가 큰 사람은 자신의 평판이나 명예에 먹칠을 하고, 자존심을 건드리면 누구의 눈치도 보지 않고 시시비비를 가린다.

배우 배용준은 광대뼈가 약해서 흘러내리는 듯하다. 사생활을 철저히 지키는 그는 150명의 하객만 초청해 철통같은 보안 속에서 결혼식을 했다. 광대뼈가 작은 사람은 자신을 적극적으로 드러내지 않으면서, 성격도 조용한 편이고 일을 크게 벌리기보다 있는 것을 잘 지키는 타입이다.

광대뼈가 너무 크면 강해 보이고, 너무 작으면 초라해 보인다. 너무 크면 네 것도 내 것도 다 내 것이라고 생각한다. 여성이 커리어우먼으로 자기위상을 높이고, 사회적인 명성을 떨치려면 어느 정도 광대뼈가 발달해야 한다. 남녀 모두 광대뼈가 클수록 자존심이 강하고 명예욕도 커서 끊임없이 노력한다. 체력과 정신력 그리고 사회적인 힘을 키우려면 크고 좋은 광대뼈가 필요하다. 거울을 보고 활짝 웃어 보자. 입가의 근육이 올라가서 탄력 있게 봉긋해진 광대뼈를 볼 수 있다.

입 – 매력을 상징하고, 스케일을 본다

섹시한 큰 입, 두터운 입술하면 떠오르는 미녀 배우는 누구일까? 바로 안젤리나 졸리다. 각진 턱과 큰 입, 특히 졸리의 입술은 두꺼운 입술의 대명사가 될 정도로 유명하다. 누구도 닮기 어려운, 독보적인 비주얼로 헐리우드 여배우들 중에서도 가장 영향력 있는 스타다. 안젤리나 졸리처럼 입이 크고 두꺼운 사람은 스케일도 크고 마음 씀씀이도 넉넉하다. 그녀는 수입의 3분의 1을 통 크게 기부하는데 한 번도 거르지 않고 엄격히 지키고 있다고 한다. 졸리의 입술을 보면 아랫입술 중앙을 반으로 가른 듯한 뚜렷한 선이 있다. 이렇게 생긴 입술은 섹시미를 돋보이게 한다.

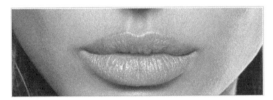

안젤리나 졸리의 입

마를린 먼로의 입

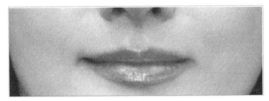

배우 이영애의 입

'입 큰 여자는 남편을 먹여 살린다'는 말이 왜 나왔을까? 형상의학을 창시한 지산 선생은 입이 발달하면 먹을 것을 쫓아다닌다고 보았다. 입이 큰 여자는 먹을 것을 찾으러 반드시 바깥 활동을 하는데 피부까지 검으면 집에만 있지 못한다고 본 것이다. 큰 입을 가진 여자는 생활력이 강해서 밖으로 돈 벌러 다녀야 한다는 의미다. 사회적으로 성공한 여성 중에 입이 큰 사람이 많다. 호쾌하게 사람을 이끌어 가는 리더십이 있기 때문이다.

- 큰 입 – 타고난 밥그릇이 크다. 욕망이 크고 상당한 야심가여서 사업이 맞지만 저돌적으로 밀어붙이는 투지는 강하나 섬세하고 꼼꼼함이 부족해서 자칫 실수할 수도 있다.
- 작은 입 – 이기적이어서 남의 일에는 냉담한 편이다. 통 크고 욕심 많은 큰 입은 일을 크게 벌려서 낭패를 보기도 하지만, 작은 입은 큰돈은 못 벌어도 실패하지는 않는다. 큰 입과 달리 모험을 싫어해서 안정된 생활을 한다.

입이 큰 사람은 답답해도 입이 작은 사람과 같이 일해야 실패를 줄일 수 있다. 입이 작으면 소심하지만 꼼꼼해서 실수하지 않기 때문이다. 입이 크다, 작다의 기준은 자신의 눈동자 속 동공의 위치로 가늠한다. 양쪽 동공에서 아래로 직선을 그었을 때 양쪽 입꼬리와 만나면 적당하다. 직선보다 입꼬리가 짧으면 작은 입이고 입꼬리보다 길면 큰 입이다.

입모양은 현재의 상황에 따라 달라진다. 현재 여건이 좋으면 자연히 입은 커지고, 어려우면 작아진다. 기분이 좋아서 많이 웃으면 입근육이 옆으로 늘어나지만, 위축되면 입근육은 오므라든다. 웃을 일이 없고 말도 없어서 입을 다무는 시간이 많아지기 때문이다. 그럴수록 입은 점점 작아지고 성격도 소심해진다. 반대로 적극적으로 생활하다 보면 자신감도 생기고 웃을 일도 많아지면서 자연히 입도 커지고 운도 좋아진다.

- 입술이 두꺼운 사람 − 육감적이어서 정력이 강하고 이성을 대하는 것도 적극적이다. 입술이 두껍고 큰 입은 더욱 정열적이어서 성공운이 있고 재물운도 좋다. 입술이 두꺼우면 먹는 것을 좋아하고 맛있는 음식을 찾아다니는 미식가가 많다. 그러나 입술이 지나치게 두꺼우면 본능에 강해서 식탐도 많고 정욕적이다.
- 입이 작아도 입술이 도톰한 사람 − 애정 표현은 서툴지만 사랑하는 사람에게 최선을 다한다.
- 입이 작고 입술까지 얇은 사람 − 사랑에는 소극적이고 수동적이다.

윗입술이 아랫입술보다 두꺼우면 주도적인 성격으로 사랑도 주는 사랑을 더 좋아하고 정이 많아 남에게 베풀지만, 윗입술이 아주 얇으면 받기만 하고 주려고는 하지 않는다. 이렇게 윗입술과 아랫입술의 비율로 성격이 주도적이냐, 수용적이냐와 함께 사랑하는 방식에도 차이가 난다. 마릴린 먼로는 할리우드 역사상 최고의 섹시 아이콘이다. 수많은 남성들의 연인이었던 그녀는 케네디와 그 형제들과도 연인관계였다. 죽은 지 수십 년이 지났시만 아직도 미국의 섹스 심벌로 남아 있는 그녀의 섹시 포인트는 어디일까? 풍만한 가슴도, 잘록한 허리도, 큰 골반도 아니다. 바로 촉촉하게 윤기 나는 반쯤 벌린 도톰한 입술로 남성들의 가슴을 흔들었다. 입술은 항문, 유두, 여성기와 함께 점막피질로 된 부분으로 얼굴에서 가장 관능적인 곳이다. 그래서 입술의 생김새로 여성의 생식기를 짐작할 수도 있다. 한의학에서는 항상 입을 벌리고 있으면 기가 허하다고 한다. 입을 벌리고 있으면 운기가 나가서 끈기도 없고 몸도 허약해져서 단명의 상으로 보는 것이다. 마릴린 먼로의 벌린 입은 정말 기가 허해서일까? 아니면 관능적인 美로 뭇남성들을 유혹하기 위해서일까?

그러면 어떤 입술이 인상학적으로 좋은가? 말할 때는 나가고 음식을 먹을 때는 들어오는 입을 인상학 용어로는 '출납관'이라고 한다. 입으로 가정생활, 정조관념, 금전관계, 건강 등을 본다. 약간 올라간 입꼬리, 뚜렷한 입술선, 적당한 크기의 붉은 기운이 나는 도톰한 입술이 좋다. 특히 눈썹이나 눈은 조금 처져도 큰 흉이 되지 않지만 입꼬리는 반드시 올라가야 한다. 인당에 있는 좋은 기운이 코끝에 맺히고, 다시 인중을 통해서 마지막 입으로 내려가기 때문이다. 얼굴의 모든 기운이 맺히는 입의 구각이 아래로 처지면 모든 생각이 부정적이고 늙어 보인다. 뿐만 아니라 64~65세 때 신경 쓸 일이 많아질 수 있다.

내려간 입꼬리는 어려울 때마다 어금니를 깨물며 극복해온 의지의 산물이고, 입신출세형이기도 하다. 그러나 내려간 입꼬리覆舟口보다 올라간 입꼬리仰月口가 훨씬 좋은 인상을 주고, 지는 것과는 거리가 멀며, 똑 부러진다. 올라간 입꼬리는 매사 긍정적이어서 예쁘게 말할 줄 알고 시작한 일은 마무리 또한 확실하며, 식복이 있어 안정된 직업이 있고 성공운도 따른다.

- 입술선이 뚜렷한 사람 - 이성 문제, 돈 문제에서 명확한 것을 좋아한다. 이런 사람은 우유부단하고 양다리 걸치는 등의 행동은 싫어하는 깔끔한 성격으로 오해 살 일은 하지 않는다. 갈매기 모양의 뚜렷한 입술선을 가진 사람은 화술이 매우 뛰어나서 말로는 절대로 지지 않는다.

배우 이영애처럼 입술이 얇아도 입술선이 뚜렷하면 문화적인 소양이 풍부하고 인상도 지적으로 보인다. 전문직 여성으로 보이고 싶으면 입술선을 약간만 뚜렷하게 그려주는 것도 좋은 방법이다.

입이 작은 여성이 본인의 입술보다 약간 오버해서 크게 그려주면 자신감 있어 보인다. 입술 화장으로 자신이 원하는 인상을 만들 수 있다는 것은 여성만이 누릴 수 있는 혜택이다. 보는 대로 인식하고 좋은 운을 주고받기 때문에 인상학에서는 메이크업도 중요하다.

입은 상학에서 말년을 의미한다. 나이 들어서 코는 큰데 입이 작은 남자는 정력도 약하고 재물도 지키지 못할 수 있다. 웬만한 일은 툭툭 털어버리고 웃을 줄 알아야 입이 작아지지 않는다. 비염 때문에 입으로 호흡하거나, 치아가 앞으로 돌출해서 입이 다물어지지 않아도 기가 빠지고 운기는 약해진다. 여성의 입은 곧 가정의 평안과 관련이 있고 입이 예쁘면 말년이 좋다. '아름다운 입술을 갖고 싶으면 친절한 말을 하라'는 명언은 오드리 헵번이 자녀에게 남긴 유명한 말이다.

좋은 말, 고운 말, 칭찬의 말, 힘을 주는 말을 하면 입술은 정말 예뼈진다. 그리고 항상 아름다운 미소를 지어야 한다. 좋은 말을 하면서 입은 웃지 않는 사람이 있고, 입은 웃는데 눈은 웃지 않는 사람도 있다. 얼굴 전체가 웃어야 마음도 웃는 것이다. 환하게 마음까지 웃으면 아름다운 입술을 갖게 될 뿐만 아니라 행운도 거머쥘 것이다.

턱 – 말년의 운을 본다

미국의 주간지 〈라이프 매거진〉은 20세기 가장 영향력 있는 100인 중의 한 사람으로 니콜라 테슬라를 꼽았다. 크로아티아에서는 2006년을 '니콜라 테슬라의 해'로 정했고, 세르비아는 국제공항 이름을 '테슬라 공항'으로 바꿨다. 세상은 시대를 앞서 갔던 테슬라를 잊지 않았다. 테슬라는 에디슨이 발명한 직류전기보다 장점이 많은 교류전기를 발명한 현대의 전기에너지 시대를 개척한 인물이다.

에디슨과 '전류전쟁'을 벌여 승리를 얻었지만, 평생 에디슨의 괴롭힘을 당했다. 에디슨의 그늘에 가려 빛을 보지 못했던 것이다. 안 되면 될 때까지 하는 에디슨과 머릿속 구상을 실현시킨 테슬라, 두 사람은 피할 수 없는 인생의 라이벌이었고, 노력하는 자와 진짜 천재와의 승부를 벌였다.

테슬라는 넓은 이마와 좁은 턱의 전형적인 역삼각형, 섬광이 번쩍이는 강렬한 눈빛, 뾰족하고 높은 코의 특징을 가진 얼굴이다. 그의 얼굴이 말해주듯이 특이한 성격으로 기이한 삶을 살았다. 결벽증이 있어서 식사 전 광택이 나도록 스푼을 닦아야 했다. 손수건은 하얀 비단으로 된 것만 썼고, 호텔방의 호실은 3의 배수로만 골랐다. 비둘기에 집착해 말년 그의 호텔방에는 비둘기 새장으로 가득했다. 평생 독신으로 살며 발명에만 혼신을 힘을 기울이다가 호텔에서 쓸쓸이 숨을 거두었다. 에디슨을 넘어선 과학자, 미친 과학자로 따돌림받던 테슬라의 말년은 고독하고 불행했다. 말년운이 좋으려면 하관(뺨을 포함한 얼굴 아래쪽 턱 부분)이 좋아야 한다. 뺨 부위가 두툼하고 튼실해야 되는데 테슬라의 얼굴은 그렇지 못했다. 특히 노년의 테슬라 얼굴은 푹 꺼진 뺨, 뾰족하고 높은 코, 볼품없는 턱에 뼈만 앙상하게 드러나 있다. 그의 높은 코가 말해주듯이 누구한테도 간섭받기 싫어하는 자존심 강하고 콧대 센 발명가다. 젊었을 때는 독특한 개성과 지식, 부드러운 말솜씨로 인기는 많았지만 어느 조직에도 소속되지 않았다.

과학자 테슬라

과학자 에디슨

야구선수 박찬호의 턱

재물복은 주로 코에서 보지만, 50대 후반의 재물은 뺨에서도 본다. 테슬라는 40~50대는 물론이고 평생 동안 경제개념이 없었다. 뺨이 통통한 사람은 현재의 운이 좋고, 사랑받고 있다는 증거이며 의식주도 걱정 없다. 뺨이 지나치게 홀쭉하면 50대 중반부터 크게 어려워지고 점점 외로워진다.

에디슨은 발명가지만 사업마인드가 좋아서 투자자들의 요구와 비위를 잘 맞춰 주었으나, 테슬라는 투자자와 특허 문제로 툭하면 싸웠다. 뺨에 살이 없는 사람은 차갑고 대인관계가 원만치 않은 경우가 많다. 실험실에서 큰 화재가 났으나 보험 하나 들어 놓지 않아서 결국은 회생하지 못했고, 그의 재정은 점점 약화되어 갔다.

뺨은 주변의 사람을, 턱은 아랫사람과 부인의 내조를 말한다. 독신이어서 부인의 내조는 아예 없었고 아랫사람도, 인맥도 약해서 누구의 도움도 받지 못했다. 얼굴의 맨 아래에 턱이 있는 것처럼 인생의 마무리도 턱에서 좌우되는데, 그의 턱은 빈약하기 짝이 없다. 새장으로 가득한 허름한 호텔방에서 외롭게 세상을 떠난 그와 그의 홀쭉한 뺨, 빈약한 턱이 오버랩된다. 턱은 그동안 삶을 어떻게 살았는지에 대한 결과를 나타낸다. 뺨과 연결되는 턱에서 보는 운은 58세부터다.

가장 좋은 턱을 가진 사람을 꼽으라면 U자형의 턱을 가진 박찬호 선수다. 그는 길고, 넓고, 두꺼운 턱으로 좋은 턱의 조건을 다 갖추었다. U자형의 턱에서 오는 지구력으로 대한민국 최초의 메이저리거이자 역대 한국인 최고의 투수가 될 수 있었다. 이런 턱을 가진 사람은 지구력과 함께 추진력도 뛰어나고 후배들도 잘 따른다.

• 사각턱
턱이 네모졌다 하여 '네모공주'로 알려진 MC 박경림은 성실하고 의지가 아주 강한 사람이다. 무명 시절에는 탁하고 갈라지는 목소리 때문에 라디오 진행은 어렵다며 모두들 코웃음 쳤지만, 끈질긴 도전으로 한꺼번에 7개의 프로를 맡기도 했다. 네모진 턱은 건강하고 남성적이나 정이 많아서 대인관계도 좋고 원만한 성격이다. 잘한다고 칭찬해주면 자기 몸은 생각하지 않고 열심히 한다. 만년까지 좋은 턱이다.

이해찬 국회의원처럼 살이 없고 뼈가 강한 사각턱은 자존심이 강한 노력가지만, 성격이 워낙 강해서 독불장군이 될 수도 있다. 턱의 아랫부분에 복숭아씨처럼 오돌도돌한 모양이 잡히면 권위의식이 있다. 평소에 그 부분에 힘을 주기 때문인데 자신에게도 엄격하지만 자녀나 아랫사람도 엄하게 다스린다.

• 끝이 갈라진 턱

거스 히딩크 감독이나 이라크 대통령 후세인은 턱 끝의 가운데가 갈라졌다. 특히 히딩크 감독은 축구 변방에 불과했던 한국을 월드컵 4강으로 이끌어서 세계의 주목을 받았다. 이런 턱은 열정과 고집, 끝까지 파고드는 강인한 성격으로 서양인 남자의 턱에서 많이 볼 수 있다.

• 주걱턱

남에게 지기 싫어하고, 내가 최고라는 자부심이 아주 강하다. 언제나 의욕적이고, 밀어붙이는 추진력이 뛰어나며 진취적이다. 살집이 두툼한 주걱턱은 의식이 풍족하여 돈 걱정은 안 해도 되지만, 가냘프고 왜소한 주걱턱은 실천력이 약하고 따르는 사람도 없다.

• 짧은 턱

턱이 짧아서 턱이 없어 보이는 사람은 생각이 얕고 노후생활도 어렵다. 매사에 끈기가 없고 고독하며 주거도 불안정하다. 자식들도 제 앞가림에 바빠서 부모를 돌볼 겨를이 없다. 작고 뾰족해서 빈약해 보이는 턱은 인상학적으로도 좋지 않다. 체력이 약해서 어떤 일에나 싫증을 잘 느끼고 지구력도 떨어진다. 견실함이 부족해서 가정적으로도 안정감이 없고 주변에 사람이 없어서 외롭다.

부모 덕을 이마에서 본다면 자식 덕은 턱에서 본다. 그러니 널찍한 이마에 중후한 턱을 가졌다면 축복받은 사람이다. 턱이 좋으면 따르는 사람이 많아서 잘 받쳐주기도 하지만, 자신도 아랫사람을 잘 챙겨줘서 존경받는다. 온화한 성격에 대인관계도 좋고, 남편의 입장이라면 아내의 내조와 자식들의 효도를 받는다. 건강은 물론이고 경제적으로도 풍요로워서 늘 웃을 일만 있다. 턱에 살이 올라 관골까지 이어지면 인상이 좋아지고, 입까지 크다면 시원시원하고 통도 커서 만년운은 더 좋아진다. '턱도 없다, 턱없는 소리 하지 마라, 턱없이 까분다'는 말은 턱의 중요성을 말하는 것이다.

이마는 좋은데 턱이 약하다면 몸 쓰는 일보다 머리 쓰는 일이 더 적합하다. 우리나라 사람들은 말년이 좋아야 진짜 상팔자라고 한다. 100세 시대니 말년의 삶이 걱정되는 것은 당연하다. 인생의 시작도, 과정도 중요하지만 마무리가 더 중요하다. 그러려면 턱이 좋아야 한다.

원래부터 턱이 좋았어도 나빠지기도 하고, 부족한 턱이 살면서 좋아지기도 한다. 딱딱한 음식을 씹으면 턱이 발달하면서 턱 모양도 달라진다. 나이 들어서는 치아 때문에 어렵지만, 턱이 너무 약해서 고민인 젊은이들은 시도해도 좋은 방법이다. 많이 웃어주면 턱은 물론이고 뺨까지도 탄력이 붙는다. 턱이 탄력 있게 잘 발달한 사람의 행복지수가 높은 것을 보면, 턱은 말년의 복주머니이고 안심보험이다.

: 2마당
몸에 **숨겨진 복**을 찾아라

얼굴을 삼등분하여 이마를 초년운/ 눈썹, 코, 관골에서 중년운/ 입과 턱에서 말년운과 인간관계를 보는 삼정론은 몸體相에서도 적용된다. 몸에서는 얼굴에서 초년(30세)/ 어깨부터 배꼽까지는 중년(50세)/ 아랫배에서 다리까지는 50세 이후의 말년 운을 본다.

얼굴과 몸, 다리가 적당한 비율로 조화로워야 좋은 상이다. 얼굴은 큰데 몸이 작은 경우, 얼굴은 작은데 키와 다리가 너무 크거나 길다면 얼굴에서 아무리 이목구비가 잘생겨도 좋은 상으로 볼 수 없다.

그래서 〈유장상법〉에 '호면好面이 불여호신不如好身', 즉 얼굴 좋은 것이 몸 좋은 것만 못하다고 했다.

목 – 초년과 중년을 연결한다

태국의 산악지역에 있는 카렌족의 여자들은 어릴 때부터 놋쇠로 된

링을 목에 걸어서 목의 길이를 늘이는데 이는 긴 목이 아름다움의 척도라 여겼기 때문이다. 우리도 여성의 목이 학처럼 길면 귀한 상으로 봤다. 그렇다면 목의 생김새에 따라 각각 어떤 인상학적 의미가 있을까?

목은 초년과 중년을 연결해주는 가교 역할을 한다. 얼굴이 집이라면 목은 기둥이어서 주택의 대들보 역할을 한다. 그러니 얼굴의 크기나 생김새에 따라 목도 길이나 굵기가 얼굴과 균형이 맞아야 좋은 상이라 할 수 있다. 대략 남자는 목이 짧은 듯해야 좋고, 여자는 목이 약간 길어야 좋은 상으로 본다.

목을 늘이고 서 있는 사슴을 고독하고 외로운 존재로 표현한 시인 노천명의 시처럼, 갸름한 얼굴에 긴 목선이 어깨까지 이어진 여성은 우아하면서도 어딘지 외로워 보인다. 올린 머리와 함께 학처럼 우아함을 더했던 고 육영수 여사와 탤런트 박소현은 목이 긴 대표적인 인물이다.

- 갸름한 얼굴에 긴 목선 – 성격이 조용해서 혼자 있는 것을 즐기고, 자기 욕심을 채우기보다 양보하고 헌신하는 편이다.

남자나 여자의 목이 너무 길면 고독하고, 돈하고는 거리가 먼 청빈한 삶을 살며, 목이 가늘면 턱이 약하기 때문에 말년이 약하다고 본다. 그러고 보니 놋쇠로 된 링을 목에 감고 일하는 카렌족 여인들의 모습은 더욱 외롭고 쓸쓸해 보인다.

- 크고 살집이 있는 얼굴에 목과 가슴이 두껍고 넓은 안정적인 사람 – 목표지향적이고 남과의 경쟁에서도 지지 않고 능력을 발휘하기 때문에 직장에서 인정받는다.

- 목이 너무 두껍고 짧은 목 – 내 것은 빼앗기지 않고 남의 것을 탐내는 등 욕심이 많다.

- 뒷목이 두툼하고 이중인 사람 – 대부大富

- 뒷목이 가늘고 긴 사람 – 빈천

- 목젓(울대뼈)이 날카롭게 튀어나온 사람 – 욱하는 급한 성격과 고독하고 어려운 일을 겪기도 한다.

- 목이 얼굴보다 하얀 사람 – 만년에 운이 좋아진다.

 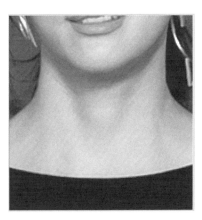

카렌족 여자의 목　　　　　　　　　　배우 이엘의 턱과 목

　얼굴에 비해서 목이 굵으면 넘어지고 쓰러져도 다시 일어서는 오뚝이 기질이 있다. 그래서인지 영화 〈내부자들〉에서 주은애로, 드라마 〈몬스터〉에서 옥채령으로 나오는 여배우 이엘은 뾰족한 턱에 이어진 목이 굵어서 강한 기운이 느껴진다. 스릴 넘치는 영화나 드라마에서는 이런 기운이 강한 흡입력과 묘한 매력이 되어 그녀의 존재감은 시선을 강탈하고 있다. 그러나 지나치게 작은 얼굴과 목이 너무 굵어서 균형

이 맞지 않으면 보기에도 어색하고 하는 일에 실패가 많아진다.

반대로 얼굴은 크고 목이 너무 가늘면 큰 집을 받쳐주는 기둥이 약해서 불안하고 운기도 약하게 보는데 남자의 경우면 더욱 그렇다. 인상에서는 균형과 조화를 중요하게 본다. 목도 마찬가지여서 얼굴은 큰데 목이 가는 것도, 얼굴은 작은데 목이 굵은 것도 균형에서 벗어나는 것이다. 목만 보고 좋다, 나쁘다를 판단하기보다 얼굴형에 따라 목의 길이와 두께를 살펴보는 것이 중요하다. 여성의 목은 약간 길어서 우아해 보이고, 남성의 목은 약간 짧고 굵어서 두꺼운 가슴과 함께 가족을 책임지는 든든함과 적당한 욕심이 있다면 가장 이상적이지 않을까?

등 – 그 사람의 가능성을 본다

남자든 여자든 얼굴로 표정을 짓고 손짓을 하며 몸짓과 발걸음으로 자신을 표현한다. 이런 행위는 다 정면에 나타나 있다.
그렇다면 그 이면은? 뒷쪽은? 등 뒤는?
등은 거짓말을 할 줄 모른다.
그는 뒷모습이 앞모습보다 더 많은 것을 말해준다고,
혹은 뒷모습이 바로 우리 자신이라고 말하는 것만 같다.

– 미셸 투르니에 에세이 《뒷모습》 중에서

'화난 등근육'이라는 신조어를 만들면서 2014년 내내 화제였던 현빈의 등근육은 영화 〈역린〉에서 정조 역을 맡으며 널리 알려졌다. 남자 배우의 벗은 몸이 눈길을 끈 것이 새삼스러운 일은 아니지만 남자의 등근육, 즉 뒤태에서 볼 수 있는 건강함과 섹시함이 강조되며 주목받았다고 볼 수 있다. 배우 권상우도 드라마 〈야망〉에서 빼어난 뒷모습을 과시했다.

근육질 남성의 뒷모습

뒤태에 대한 관심은 일부 연예인들만의 전유물이 아니다. 근육 있는 몸을 만들기 위해 피트니스센터를 다니면서 '뒤태' 즉 '뒤짱'이 되기 위해 노력하는 일반인이 점점 늘어난다.

앞모습을 가꾸고 앞모습으로 사람을 평가하는데 익숙한 일반인들에게 뒤태에 대한 관심이 점점 늘어나고 있다는 반증이다. 그렇다면 등은 인상학적으로 어떤 의미가 담겨있을까? 등은 우리 '몸의 기둥'일 뿐만 아니라, 인상학에서는 등을 보고 '그 사람의 가능성'을 본다. 등이 곧고 넓고 두꺼워서 튼튼해야 보기도 좋고 인상학적으로도 좋게 본다. 당연히 얇고 빈약한 등은 좋지 않다.

요즘은 키가 커 보이는 긴 다리의 체형을 선호하지만, 인상학에서는 다리보다 등이 길어야 귀격으로 본다. 특히 남성의 등이 넓적하면

짐을 많이 질 수 있어서, 큰일을 할 수 있는 능력 있는 사람으로 보며 가정에서도 다복하다. 등을 꼿꼿하게 세우고 걷는 사람은 언젠가는 최고의 자리에 오를 수 있는 사람으로, 권위 있고 실력 있는 사람으로 본다. 등을 반듯하게 세우고 걷는 여성한테서는 격조 있고 당당함은 물론이고 자신감까지 느껴진다.

목은 짧고 굵으며 자라 등같이 등에 불룩하게 살집이 있으면 부귀하다. 등이 굽은 사람한테서는 자신감도 패기도 느낄 수 없고, 오히려 긴 세월을 남한테 굽신거리며 읍소하고 살아온 것처럼 보인다.

한의학에서는 오장육부와 연결된 등이 굽으면 폐기능이 약해서 일을 두려워하고 쉽게 지치는 원인으로 본다. 배신하거나 적대적 관계가 되면 '등을 돌린다'고 말한다. 화난 등, 자신감 넘치는 등, 굽신거리며 읍소하는 등 이렇게 등의 근육으로 많은 감정들을 볼 수 있어서 등에도 표정이 있으며, 등은 거짓말을 못한다고 하는 것이다.

우리는 앞모습에 익숙하다. 사람을 만나거나 그 사람에 대해 알고 싶을 때 누구와 대화를 나눌 때도 주로 앞모습을 본다. 그러나 이제는 앞모습만이 아니라 뒷모습, 뒤태에서 그 사람의 많은 것을 볼 수 있다. 나는 볼 수 없지만, 남들에게 많은 것을 보여주고, 중년의 운을 책임지는 등 관리를 소홀히 해서는 안 된다. 어깨를 펴고 당당하게, 멋지고 건강한 등으로 멋진 뒤태로 만들자.

어깨 – 패기와 의지력을 나타낸다

등에서와 마찬가지로 어깨가 넓다는 것은 폐가 크고, 폐를 보호해야 할 흉곽이 넓고 발달했다는 것을 뜻한다. 어깨가 넓으면 공격적이고 주도적인 성격을 가지고 있어서 조폭들을 '어깨'라고 부른다.

키는 작아도 어깨가 넓으면 주도형이고 앉아 있는 모습에서도 넓은 어깨 때문에 웅장하게 보인다. 이런 사람은 키가 작기 때문에 어려서부터 얕보이지 않기 위해 강해 보이려는 노력을 하면서 자랐다.

체형 자체가 역삼각형으로 몸에 비해 어깨가 떡 벌어진 사람은 무슨 일에서든 주도적인 에너지가 강하다. 또 어깨가 넓으면 형제나 대인관계가 좋아서 사회생활도 잘한다. 〈마의상법〉이나 〈금쇄부〉 같은 옛상법에서는 어깨가 넓고 두꺼운 사람은 사방에 이름을 떨치고, 어깨가 빈약해서 추워 보이는 사람은 세력이 없을 뿐더러, 남자의 어깨가 빈약하면 늙을 때까지 빈한하게 산다고 하였다.

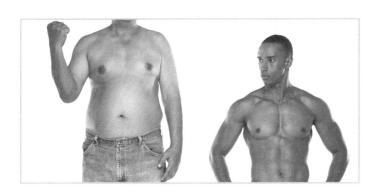

남성의 어깨

어깨가 좁은 사람을 '어좁이'라고 한다. 어좁이는 말 그대로 어깨가 좁은 사람을 일컫는 말인데 말랐다고 어좁이가 아니다. 타고나길 어좁이로 태어나는 경우가 많다. 더구나 현대인들의 체형은 점점 균형을 잃어가고 있다. 컴퓨터와 스마트폰이 주된 원인이 될 수 있는데 구부리고 있는 시간이 길어지면서, 점점 앞쪽으로 무게 중심이 쏠리기 때문이다. 그럼 어깨가 어떻게 될까?

안쪽으로 모이고, 앞쪽으로 기울게 되면서 점점 어깨가 좁아지는 것이다. 특히 남자의 어깨가 너무 좁으면 매력이 없어 보이고 이해의 폭도 좁다. 패기와 의지력을 나타내는 남자의 어깨가 구부정하면 자신감도 없어 보이고 하는 일도 잘 풀리지 않는다. 그래서 나온 행동이겠지만 씩씩거리며 화를 낼 때, 강하게 보이고 싶을 때, 커 보이고 싶을 때, 옆구리에 손을 얹으면 어깨가 올라간다. 이때 옆구리를 타고 흐르는 담경락에서 나오는 강한 에너지로 목소리가 커지고 용기도 생기는 것이다. 서양에서는 옆구리에 손을 대는 자세를 승자의 자세로 본다.

제복을 입고 직책이나 계급을 표시할 때, 어깨에 견장을 착용하는 경우가 많다. 이 또한 계급에 따른 힘을 어깨로 나타내는 것이다. 남자의 어깨는 위엄이나 권력을 상징하기 때문이다.

수년 전에는 여성의 어깨에 '뽕'이라 하여 어깨를 부풀리는 의상이 유행하였다. 한복에 어울리는 좁은 어깨는 조신하고 얌전해 보이며 순종을 나타냈다. 세상이 바뀌면서 뽕으로 과장된 어깨를 해서라도 남성과 동등해지고 싶었던 것이다.

광대뼈가 크게 나오고, 어깨가 넓게 벌어진 여자는 과부팔자라고 했는데, 시대에 따라 달라지는 여성상이 어깨를 돋보이는 의상에 반영된 것이다. 자랑하고 싶거나 나를 드러내고 싶을 때는 어깨에 힘이 들어가면서 어깨가 으쓱해진다. 그러나 면목이 없을 때, 용서를 구할 때, 뭔가 위축될 때는 자신도 모르게 어깨를 숙이게 된다. '어깨를 나란히 한다, 어깨를 견준다'는 말은 자신의 힘을, 포부를, 경쟁심을 어깨로 표현하는 것이다.

그렇다면 어떻게 하면 어깨가 넓어져서 어줍이에서 벗어날 수 있을까? 어깨뿐만 아니라 가슴과 등근육도 발달해야 어깨가 커 보인다.

특히 등근육을 발달시켜야 안쪽으로 모여 있는 내 어깨를 뒤에서 당겨주게 되므로 '승모근'이 발달하면 어깨가 넓어지는 데에 도움을 준다. 남자에게 어깨는 가족을 책임져야 하는 책임감이다.

어느 날 나이 든 아버지의 어깨가 축 처져 보일 때가 있다. 중년 이후의 남성 중에 한쪽 어깨가 유난히 처진 사람을 종종 보게 된다. 처지는 쪽이 약하다고 볼 수 있는데, 왼쪽 어깨가 높으면 자수성가형으로 본다. 어깨는 힘 있게 약간 높아야 좋은 상이다. 사람을 거느리는 사람치고 어깨 좁은 자는 없다고 하였다. 좌청룡, 우백호를 거느리고 있는 것과 같이 양어깨에 힘이 있어야 몸 전체에 기운이 있는 것이다.

유방 – 남편과 자식의 운기를 책임진다

여성의 유방은 생김새가 탐스럽고 부드러우며 성적 쾌감을 가져오므로 제2의 여성기로 보기도 하고, 입술과 함께 점막피질인 유두가 발기

하면 성적으로 흥분하기 때문에 유방을 상반신의 성기라고도 한다.

대한민국의 대표적인 에로 영화였던 〈젖소부인 바람났네〉는 한때 공전의 히트를 기록했다. 〈젖소부인 바람났네〉로 유명해진 여주인공처럼 풍만한 가슴은 과연 인상학적으로도 좋은 상일까?

체상에서 남편과 자식의 운기를 동시에 보는 자리는 여성의 유방이다. 잘생긴 유방은 적당한 크기에 사발을 엎어놓은 듯 둥그스름해야 한다. 이런 유방을 가지면 남편과 자식의 운이 좋고 재물운도 따르며 매력도 있다. 유방이 너무 크거나 작아도 운기는 약하다.

여성의 유방의 기능 중에 제일 중요한 일은 자식에게 젖을 주는 일이다. 유방이 커도 유선이 발달하지 않으면 젖을 먹이지 못한다. 그러니 유방이 아무리 풍만해도 유두가 작거나 없다면 볼품이 없고 제 기능을 발휘하지 못한다. 유두의 방향은 약간 바깥쪽을 향한 경우가 많다. 바깥을 향해야 아기를 옆으로 안고 젖을 물리기에도 편하다.

- 유두가 부드럽고 큰 사람, 유두가 위로 향한 사람, 유두에 검은 점이 있는 사람 – 귀한 자식을 둔다.
- 유두가 큰 사람 – 자기주장이 강하고 딱 부러지는 성격이다. 웬만한 남자와 경쟁해도 이기는 강인함은 있지만 유연함은 없다.

뼈가 튀어나오고 골격이 큰 남성 같은 용모보다 여성스러운 용모를 가진 여성이 유방은 더 발달한다.

특히 살이 관골을 적당히 감싸주고 볼살이 있는 여성의 유방이 대체로 크다. 유방이 적당히 풍만하면 마음이 넓고 성격도 쾌활하나, 너무 빈약하면 내성적이고 개성이 강하며 성적으로 소극적이다.

- 양쪽 유두 사이가 너무 가까운 사람 – 질투가 심하고 욕구불만이 많다.
- 양쪽 유두 사이가 넓은 사람 – 다소 독선적이나, 성격이 활발하고 생활력이 강하고 금전운이 따른다.

풍만한 유방의 여성

옛날 양반 사회에서는 유방이 큰 여인을 좋지 않게 봐서, 작고 아담한 유방을 만들기 위해 치마로 동여매기도 했다.

세상이 바뀌어 이제는 미모 못지않게 몸매를 보고, 풍만한 유방을 가진 여성에게 눈길을 더 준다. 그렇다 해도 남편과 자식의 운기, 재물운을 좌우하는 유방에 칼을 대는 성형수술은 함부로 할 일이 아니다.

예쁘고 풍만한 유방을 만드는 데는 성형수술보다 남편의 사랑과 역할이 더 중요하다.

가슴 – 남자의 넓은 가슴은 세상을 포용한다

여성의 유방을 본다면 남자는 가슴을 보는데, 남자의 가슴이 넓고 두꺼우면 마음이 넓고 포부도 크다. 넓고 두꺼워서 튼튼해야 좋게 보는 등처럼, 가슴도 넓고 두껍고 단단해야 인상학적으로 좋은 상으로 본다. 심장과 폐, 간이 있는 부위가 가슴인데, 오장육부가 크고 튼튼한 사람은 가슴도 크다.

가슴이 작거나 얇으면 장기도 작아서 소극적이고 자신감이 없다. 가슴이 넓어도 앞뒷면(두께)이 얇은 남자는 폐와 심장의 운동이 저하되고 활동도 작기 때문에, 하는 일에 막힘이 많고 재산 손실도 많다고 본다. 가슴이 두꺼운 사람은 담대하고 자신감도 넘쳐서 무슨 일을 하든 배짱으로 밀어붙이면서 반드시 성취해낸다.

남녀를 불문하고 최경주 선수, 박인비 선수 같이 세계를 재패한 운동선수들을 보면 가슴이 두껍다. 어떤 상황에서도 흔들리지 않는 담대함으로 상대 선수를 기죽게 만드는 자신감은 두꺼운 가슴에서 나온다.

- 볼록하게 튀어나온 새가슴 – 지혜가 없어서 어리석은 판단을 많이 한다.
- 오목한 가슴 – 욕심을 내지만 가난하다.

가슴이 두껍고 풍성한 남자는 많은 사람을 거느리는 자리에 오르고 당연히 부도 쌓게 된다. 모든 것을 넉넉하게 품어주는 넓고 두꺼운 가슴을 가진 남자가 많으면 가정도 세상도 걱정이 없겠다.

배꼽은 신이 머무는 궁궐이라는 의미로 '신궐'이라 불렸다. 특히 조선시대 왕실 비책에서는 왕비를 간택할 때 배꼽을 봤다고 한다. 건강 상태를 진단하는 망진법(눈으로 보고 질병을 진단하는 방법)에 의하면 배꼽이 건강을 진단하는 기준이었다고 전해진다. 먹을 것이 부족했던 시절에는 두둑하게 나온 배를 '인격'이라고 표현했다. 오장육부를 품고 있는 넓고 두툼한 배는 복과 재물의 부피를 의미하기 때문에 나온 말이다. 뱃살이 두둑하게 찐 사람이 배포와 배짱 또한 두둑한 것은 사실이다. 그러나 요즘에는 배가 많이 나온 사람은 자기관리를 못하는 게으른 사람으로 취급한다. 뿐만 아니라 성인병에 노출되어 건강에도 적신호가 켜진다. 특히 윗배가 나오면 에너지가 떨어져서 건강, 운기에 나쁘고 욕심 많은 사람으로 본다. 윗배는 들어가고 말년의 운이 시작되는 아랫배가 약간 나와야 좋은 상이다.

배꼽 밑의 아랫배는 몸의 중심을 잡아준다. 여성의 도톰한 똥배는 매력적이고 맵시도 있으며 섹시해서 애교뱃살이라고도 부른다. 상하로 길고 뱃가죽이 두꺼우면 건강하고 부귀한 상이지만, 뱃가죽이 얇으면 허약하고 가난하다. 아기들의 뱃구레가 커야 좋다는 것은 선천적으로 장기가 크다는 뜻이다. 작고 얕은 배꼽보다 넓고 깊은 배꼽에 지혜와 복이 많이 들어있다. 배꼽의 방향도 중요하다. 배꼽이 위로 향하면 지혜롭고, 아래로 향하면 어리석다고 본다.

- 배꼽에 있는 점 – 어떤 경우에도 흔들리지 않는 주관과 성공운이

있는 아주 귀한 복점

옛날에는 배꼽 모양으로 질병과 생사를 판단했다니 배꼽에 있는 때도 함부로 빼면 안 되겠다.

허벅지 – 건강의 척도이고, 복의 근원이다

2010년 밴쿠버에 이어 2014년 소치 동계 올림픽에서도 금메달을 획득하여 2연패의 승리와 12년 만에 올림픽 신기록을 세운 자랑스러운 이상화 선수. 4년 동안 땀 흘리며 노력한 대가이기도 하지만, 폭풍 같은 질주, 괴력 스퍼트를 낸 꿀벅지라 불리는 그녀의 허벅지와 종아리가 한몫했다고 한다.

남성에게 두꺼운 허벅지는 '힘의 원천'으로 섹시함과 건강의 척도가 되는데, 어떤 문화권에서는 여성이 남성의 허벅지 안쪽을 터치하는 것이 '당신이랑 한번 하고 싶다'는 유혹의 신호라고 한다. 반면 여성에게 허벅지는 각선미와 옷맵시를 결정짓는 중요한 요소가 된다.

특히 여성의 허벅지는 자손을 상징하므로 굵고 튼실한 허벅지는 부와 귀한 자손을 보게 되는 복의 근원이라 할 수 있다. 허벅지가 굵고 탄력이 있어야 건강하다는 사실은 누구나 아는 상식이다. 인상학적으로 봐도 다리는 하정 즉 말년의 운에 해당되는데, 특히 허벅지는 다리에서 임금에 해당된다. 뿐만 아니라 상체를 받쳐주는 기둥 역할을 하기 때문에 굵고 튼튼해야 한다. 탄력 있는 단단한 몸은 부를 가져다주기 때문이다. 다리가 굵으면 일에 대한 열성, 목표에 대한 집념이 아주 강하고 자기주장이 강하지만, 의리 있고 편안한 성격을 가지고 있다. 체형이 말랐어도 허벅지가 튼실하면 부유해질 수 있으나, 마른 체형에 살집도 근육도 없는 마른 허벅지라면 재물과는 인연이 멀다. 여성들은 날씬하게 쭉 뻗은 다리에 대한 로망이 아주 크다.

- 골반은 크나 하체(허벅지와 종아리)가 날씬한 여성 – 모든 일에 적극적이나, 남의 시선을 의식하기보다는 자신의 인생을 즐기려는 마음이 더 큰 편이다.

- 허벅지 안쪽에 살이 찐 여성 – 매사에 쉽게 판단하지 못하고 망설이고 주저해서 결단력이 없다는 평을 듣는다. 본성은 착하나 남의 말을 쉽게 믿어서 손해를 보기도 한다.

- 허벅지가 가는 다리를 가진 여성 – 차분하고 침착해서 어디서든 실수하지 않으며, 예절에 벗어난 행동은 하지 않는 깔끔한 성격이다. 여성이라면 아내로서 엄마로서의 역할을 충실하게 하지만 재물을 취하려면 탄력 있는 허벅지로 만들어야 한다.

이상화 선수의 허벅지

두루뭉술한 다리를 무다리라고 한다. 어깨가 넓고 가슴도 두꺼우며 배에도 살집이 있는 체형이다. 넉넉한 성격에 정도 많고 우정도 깊어서 의리가 있으나 고집이 세다. 가지고 있는 재능을 끈기와 강한 기운으로 어려움을 잘 극복하고 이겨낸다. 이런 여성이 조실부모했다면 자기 인생을 헌신하면서 동생들을 보살피는 역할을 훌륭하게 해낸다.

그러나 생활력이 강하고 책임감이 있는 남편보다 자신이 가정을 책임져야 하는 무능한 남편을 만나는 경우가 많다. 억척스럽기는 하나 순진하고 순해서 현실을 받아들이고, 형편이 좋아져도 살면서 끊임없이 주위를 도와야 하는 상황이 오기 쉽다. 상체보다 다리가 길면 몸이 고달프고 긴 다리로 잠시도 쉬지 않고 움직이니 발이 고생한다.

반대로 일어서면 의외로 키는 작은데 앉은키가 높은 사람이 위엄을 떨치고 회전의자에 앉아 부귀를 누리는 경우를 볼 수 있다. 인상학에서는 앉은키가 높으면 부와 명예가 따르는 부귀의 상이라고 본다.

허벅지와 종아리를 연결해주는 관절이 무릎이다. 무릎의 생김새가 둥글고 풍만해야 길한 상으로 보고, 뾰족하고 거칠면 고생하는 상이다.

'극세사 다리', '학 다리'라 불리는 깡마른 일자 다리를 보고 건강하다고 할 수 있을까? 몸 근육의 30%가 자리 잡고 있으며 건강하고, 아름다운 몸매를 결정하는 척도가 바로 허벅지다. 허벅지 근육은 성생활에도 아주 중요하다. 인체의 노폐물을 태우고 상체를 지탱하는 '지지대' 역할을 하는 기특한 곳이다. 굵은 다리가 노년을 건강하게 살 수 있도록 해주고, 건강해야 아름다운 세상을 늦게까지 누리고 살 수 있다. 그러니 굵은 허벅지, 튼튼한 다리야 말로 '말년의 복'인 것이다.

2장

단박에 성격과 가능성 읽기

적재적소 인사관리

처음부터 채용을 잘해야 한다

세종이 조선시대 최고의 임금이 될 수 있었던 비결은 바로 '인사정책'이었다. 세종은 인재를 알아보고, 적재적소에 배치하며, 장점을 찾아내는데 탁월했다.

세종의 채용기준은

첫째, 마음이 착한가(인성)를 보았고

둘째, 열정을 보았으며

셋째, 장점을 보고 이를 발휘하게 했다.

채용이 전부이며, 채용이 정답이라는 사실을 모르는 사람이 없겠지만,

한근태 저자의 〈채용이 전부다〉라는 책을 보면 경영에서 가장 중요한 것은 인사이고, 그러려면 처음부터 채용을 잘 해야 된다는 것을 강조한다. 잘못 뽑은 사람은 인재人才가 아니라, 인재人災이고, 기업의 자산이 아니라 부채라고 설명한다. 잘 뽑으면 모든 일이 잘 풀리지만, 잘못 뽑은 사람 하나가 조직을 망하게 할 수도 있기 때문이다.

말보다 태도를 보고 뽑는다는 회사, 실패를 경험한 사람에게 가산점을 준다는 회사, 능력보다 인성을 따진다는 회사, 실행력을 시험한다는 회사, 목소리 큰 사람을 뽑는다는 회사, 전문성보다 인성과 잠재력을 보고 기업문화에 맞는 사람인지를 확인한다는 회사, 다정한 사람을 뽑는다는 회사, 모범생은 사양한다는 회사 등 각각의 기업마다 원하는 인재상을 뽑기 위해 나름대로의 방식으로 채용하고 있다.

다양한 방법과 함께 인상학을 활용하여 채용에 적용한다면 시행착오를 줄일 수 있고 원하는 인재를 뽑을 수 있다.

면접 시 지원자를 보면 인상이 한눈에 들어오면서 유독 끌리는 사람이 있다. 잘생겨서가 아니라 얼굴에서 느껴지는 반듯한 인상, 몸에서 풍기는 좋은 기운과 에너지가 있기 때문이다. 이런 사람은 중요한 일에서는 밀어붙이는 추진력으로 앞장서고, 생각이 조금 다르더라도 상사가 기획하는 일에 기꺼이 따르며, 부정하고 불평하는 동료들을 웃음으로 다독이면서 조직에 활력을 불어넣어 준다. 아마도 상사나 부하가 믿고 의지할 수 있는 가장 뽑고 싶은 사람일 것이다.

먼저 전체 모습에서 그 사람의 기운을 느꼈으면 얼굴을 분석한다.

눈이 약해도 눈썹이 좋으면 보완이 되기 때문에 부위별로 본 것을 전체적으로 조합하는 것이 매우 중요하다. 그러나 각각의 부위에 들어있는 기질과 성격은 언제나 나타난다고 봐야 한다.

부위별로 생김새가 좋아도 머리카락이 윤기 없이 푸석푸석하거나, 눈이 퀭하거나, 이마에 기름이 번질번질하거나, 입술이 바싹 말라 있거나, 얼굴색이 나쁘거나 하관이 쏙 들어가면 현재의 삶이 힘들다고 볼 수 있다. 이런 점도 참고할 사항이다.

다음을 기업문화, 업무의 성격 등에 따라 인재를 뽑을 때 참고해보자.

- 성공운(관찰력, 분석력, 직관력)이 있는 인재
  기업에서 별을 달려면 이마가 좋아야 한다는 말이 있다. 이마에서 출세와 관운을 보기 때문에 생긴 말이다. 이마가 좋으면 윗사람도 잘 모시고 윗사람의 사랑도 많이 받는다. 이마가 둥그스름하게 넓고 깨끗하게 잘생겼으면 인상이 훤하다. 머리도 좋고 관운이 따르는 복 있는 얼굴이다.

- 품성이 좋은 인재
  귀 모양이 반듯하게 잘생긴 사람은 어린 시절 가정교육을 잘 받았고, 성품도 반듯해서 조직에 순응한다. 귓불이 도톰해도 조직생활에 능하고 계획성 있게 일 처리도 잘한다. 정면에서 봤을 때 귀가 적당히 앞을 향해 있으면 남의 의견을 잘 듣고 균형감각도 있다.

- 변화에 신속하게 대응하고 독창성과 창조성이 있는 인재
  귓불이 없는 칼귀를 가진 사람은 급한 성격으로 변화에 신속하게 대응하고, 순발력과 창조성이 뛰어나다. 입술이 얇고 칼귀를 가진 사람

한테 구조조정 업무를 맡기면 신속하게 수행할 수 있다.

- 모범적이고 무슨 일이든 크게 발전시키는 리더형 인재

상을 볼 때 인당(미간)을 제일 먼저 보기도 한다. 인당은 적당한 넓이, 수평보다 도톰할 정도의 두께, 맑은 색이어야 좋다. 적당한 넓이란 자신의 둘째와 셋째 손가락이 들어갈 정도를 말한다. 크게 발전하고 이해성이 많은 사람은 확실히 인당이 좋다. 어릴 때부터 학업성적이 우수했고, 어른이 되어서도 어디서나 리더가 되며 큰 사업도 성공시킬 확률이 높다. 그러나 미간이 지나치게 넓은 사람은 계획을 세워서 일하는 조직생활에는 맞지 않는다.

- 대인관계가 좋고, 지혜가 있는 인재

눈썹이 좋은 사람은 인맥을 타고 잘 나간다고 할 만큼 눈썹은 대인관계를 보는 곳이다. 적당한 숱에 차분하게 잘 누운 눈썹을 가진 사람은 감정을 조절할 줄 알고, 웃으면서 갈등을 해결하는 지혜가 있다.

- 추진력과 행동력이 좋은 리더형 인재

짙은 눈썹을 가진 사람은 추진력이 좋고, 결과를 생각하면서 일을 하기 때문에 순간 집중력도 뛰어나다. 정면에서 보면 귀가 머리에 붙어서 잘 안 보이는 사람, 얼굴이 사각형인 사람도 무슨 일에나 솔선수범하면서 앞장서고 밀어붙이는 추진력이 뛰어난 리더형이다.

- 집중력, 노력, 끈기가 좋은 인재

눈이 작은 사람은 1~2가지를 깊이 파고든다. 마음속에 감춰둔 목표를 달성할 때까지 자기와 싸우면서 묵묵히 인내하며 노력하는 타입이다. 눈에서 빛이 나고 기운을 느낄 수 있으면 더 좋은 눈이다. 눈빛이 반짝이고 콧방울이 탄력 있게 생겼으면 어떤 일을 맡겨도 잘해내고,

승승장구하면서 발전한다.

- 치밀하고 정확한 인재

눈두덩(전택궁)이 좁으면 좁을수록 두루뭉술한 것을 싫어해서 대충 넘어가지 않는 성격으로 치밀하고 정확한 일에 맞는다. 대신 작은 것 하나도 따지기 때문에 넉넉하고 베푸는 마음은 없다. 미간이 좁으면 치밀함은 있으나 너무 좁으면 속이 좁다. 역삼각형 얼굴도 치밀하고 정확한 것을 좋아한다.

- 스케일이 크고 목표지향적인 인재

입이 길면서 큰 사람은 스케일이 크고 욕심도 많아서 일을 크게 벌리는 사업가 기질이 있다. 꼼꼼함은 부족하지만 목표지향적이고 저돌적으로 밀어붙이는 투지와 시원스러운 성격의 그릇이 큰 리더형이다. 반대로 입이 작은 사람은 소심하고 내성적이며 꼼꼼해서 경리, 회계 등 정확한 일에 맞기 때문에 두 사람이 같이 일하면 서로의 부족한 부분을 보완해주는 잘 맞는 궁합이다.

- 화합형 인재

팀이 잘되도록 협조하는 화합형을 원한다면 얼굴형이 둥근 사람이나 약간 낮은 코를 가진 사람이 적합하다.

- 탁월한 능력과 승부욕이 있는 인재

코끝이 뾰족한 사람은 명석하고 자기 분야에서 탁월한 능력과 성공에 대한 욕망과 승부욕은 있으나 냉정하다.

- 강한 책임감이 있는 인재

콧대가 두껍고 코가 긴 사람은 쉽게 타협하지는 않으나 강한 책임감이 있다.

- 저력, 인맥, 명예욕이 있는 인재

  살이 잘 감싸고 힘 있게 생긴 큰 광대뼈를 가진 사람은 욕심을 드러내지는 않지만 저력이 있다. 자신의 이름을 드러내는 명예욕이 커서 열심히 하고 주위에 지지자들도 많다. 살이 없이 광대뼈가 튀어나온 사람은 대놓고 하고 싶은 이야기를 바로 할 정도로 기질이 강하다.

- 원칙과 소신이 뚜렷하고, 자기관리를 잘하는 인재

  법령(입가의 미소선)이 뚜렷한 사람은 원칙과 소신을 가지고 철저하게 자기관리를 한다. 칼로 그은 듯 너무 짙으면 타협도 융통성도 없는 고집불통이고 분당(편 가르기)을 짓기도 한다. 점점 옆으로 넓어지면서 뚜렷한 법령은 따르는 사람이 많아서 부하운과 성공운이 좋다.

- 긍정적인 사고와 마무리가 확실한 인재

  입꼬리가 올라간 사람은 좋은 인상을 주고, 똑 부러진다. 항상 긍정적이고, 시작한 일은 마무리도 확실하며, 성공운도 있다.

- 깔끔한 일 처리, 신의, 지구력이 있는 인재

  앞니가 가지런한 사람은 신용이 있고, 의리도 있으며, 일을 명확하게 마무리한다. 아랫니가 반듯하고 틈이 없으면 끈기와 지구력이 있다. 턱이 좋아도 지구력이 있다.

- 신뢰감, 안정감, 성공운이 있는 인재

  중저음에 힘 있는 목소리를 가진 사람은 상대방에게 안정감, 지적인 느낌, 신뢰감을 준다. 듣기 좋은 목소리, 정확한 발음으로 전달력 있는 소리는 얼굴 못지않게 중요하며 성공운도 따른다.

직원의 **얼굴이 기업의 미래**를 결정한다

'옛날 요임금은 용모로 사람을 선발하였고, 순임금은 안색으로 사람을 선발하였다. 우왕은 말씨로 사람을 선발하였고, 탕왕은 음성으로 사람을 선발하였으며, 문왕은 기량으로 사람을 선발하였다.'

오늘날 중국인들이 가장 이상적인 군주로 꼽는 앞의 임금들은 인상학적 관점으로 인재를 등용하였다. 요임금은 사람의 용모를 우선으로 보았고, 순임금은 얼굴색을 가장 중요하게 보았으며, 우왕은 언상言相인 말씨로, 탕왕은 목소리인 음성으로, 문왕은 실력 즉 역량을 선발의 기준으로 삼았다.

원래 인상학은 제왕학이었다. 학문 중에 제왕이라는 뜻이 아니라, 치세를 위해서 필요했던 것이다. 왕이 어떤 왕비를 얻을 것인지, 어떤 사람을 신하로 골라야 하는지를 연구하는 학문이다. 즉 왕의 간택이나 관리를 등용할 때 인상을 보고 결정했던 것이다.

"사물에는 의당 있어야 할 적소가 있고, 재능 역시 의당 써야 할 적소가 있다. 이들 각각을 적재적소에 두면 군주와 신하는 달리 쓸데없는 일을 하지 않아도 된다. 닭에게는 날 밝히는 것을 알리게 하고, 고양이에게는 쥐를 잡게 하면, 모두 그 능력을 활용하고 있는 것이므로 만사가 잘 이루어지게 된다."

〈그때 한비자를 알았더라면〉에 나오는 글이다. 그렇다면 누구한테 날 밝히는 일을 시키고, 누구한테 쥐를 잡게 할 것인가? 이 물음에 대한 답은 사람을 아는데 가장 좋은 방법인 인상학에서 찾아야 한다.

인상학을 인사제도에 가장 먼저 활용한 기업이 삼성그룹이다. 삼성의 창업주 이병철 회장은 기업의 성패는 사람에게 있음을 잘 알았기 때문이다. 직원의 기질과 속성을 알고 적재적소에 배치하기 위해 관상가를 신입사원 면접이나 인사업무에 배석시킨 일은 잘 알려진 일이다.

미국이나 프랑스 등 서양에서도 취업 면접이나 비즈니스 협상 테이블에서 상대의 인상에 따라 전략을 바꾸는 등 오래전부터 사람 얼굴을 읽는 페이스리딩을 활용하고 있다.

그러나 인사관리나 인상 마케팅 등에 중요하게 활용되는 인상학이 모든 사람에게 정답처럼 적용될 수는 없다. 인상은 수시로 움직이는 생물이라고 했듯이 사람이 가지고 있는 변수가 워낙 많아서 '그렇다, 아니다'로 단정 짓기는 어렵다. 그럼에도 불구하고 점점 인상학을 통해서 사람을 알고 싶어 한다. 그 이유는 그 사람의 생김새에 따른 성격은 일정한 틀을 벗어나지 않아 행동을 어느 정도 예측할 수 있고, 활용할 분야가 많기 때문이다.

얼굴형에 맞는 적재적소 인사관리

얼굴에서 부위별 특징을 보았다면 이번에는 얼굴형으로 살펴본다. 멀리서 건물의 형태만 보아도 학교인지, 병원인지, 교회인지, 절인지 알 수 있듯이, 사람을 처음 보면 이목구비보다 얼굴형의 생김새가 먼저 눈에 들어온다. 얼굴형에는 조금씩 섞여있는 복합형도 있지만, 3가지 기본형에 대해 알면 어떤 유형의 사람인지 어느 정도는 파악할 수 있다.

인간의 얼굴형은 크게 사각형(주도형), 둥근형(사교형), 역삼각형(사고형) 3가지로 구분한다. 얼굴에서의 부위별 특징과 얼굴형에서의 특징을 같이 종합해서 본다면 더욱 정확하다.

- 사각형의 얼굴 – 주도형

인상 특징

어깨가 넓고 근육과 뼈가 툭툭 튀어 나왔으며 다부지고 남성적이다. 근골질이어서 얼굴모양도 체형도 근육질로 생겼고 힘도 넘친다. 목소리도 크고 우렁차다. 이마가 낮고, 머리카락의 경계선인 발제가 일직선이며, 굵고 진한 눈썹도 직선이다. 입이 큰 편이고 입술은 얇은데 가장 큰 특징은 큰 광대뼈와 각진 턱이다.

성격 특성

- 행동력, 실행력, 생활력, 책임감이 있고, 부지런하다.

- 각진 턱을 가진 사람은 대개 지배하려는 성향이 강하고, 주도적인 성격이어서 리더가 많다.

- 자기주장과 고집이 센 독불장군이 많고 융통성과 사교성이 부족하다.

- 자신의 지시에 따르지 않을 때, 간섭 받을 때는 화를 잘 낸다.

- 과감하게 행동하는 반면에 작은 일에는 신경을 못 쓰거나 주위 사람에 대한 배려가 부족하다.

- 따뜻한 정이 없고 무뚝뚝하며 아랫사람이나 가족에게 지나치게 엄격하다. 얼굴에 살이 없다면 위와 같은 기질과 성격

은 더 강하게 나타난다.

- 사각형의 여성은 대개 남자답고 기가 세나, 가사도 자녀 양육도 매우 적극적으로 척척 잘해낸다. 잘한다고 칭찬해주면 자신의 몸도 돌보지 않고 열심히 해서 나이 들면 몸의 여기저기가 아플 수도 있다.

업무스타일

- 일하는 것을 천성적으로 좋아하고 우물쭈물하는 것을 싫어해서 무슨 일에나 솔선수범한다.

- 스케줄이 빡빡할 정도로 일이 많아야 하고, 어떤 경쟁에서든 반드시 이겨야 만족한다.

- 일 중심, 성과 중심이며 목표지향적이어서 조직에서는 인정을 받으나, 마음에 안 들 때는 뒤끝도 있다.

- 의지가 강하고 집요하며 끝까지 밀어붙이는 추진력은 타의 추종을 불허한다.

- 과감한 결단력과 불도저 같은 추진력으로 남들이 힘들다고 하는 일을 주저하지 않고 실행하며 문제해결 능력도 뛰어나다.

- 과정보다 결과가 우선이어서 문제가 될 때도 있다.

- 책임감이 강해서 무슨 일이든 책임 소재가 분명해야 하고 계획한 것은 반드시 실행해야 한다.

리더십

- 사각형의 얼굴에 살집이 약간 있고, 몸의 골격과 탄력이

좋다면, 기업에서 원하는 인재상의 조건 중 상당 부분을 갖춘 리더형이다.

- 카리스마가 강한 리더로 위계질서를 중요하게 생각한다.

- 자신을 중심으로 질서 있고, 일사불란하게 움직이는 조직을 선호한다.

- 단도직입적으로 지시하고 거침없는 말투로 명령해서 상대방의 마음을 상하게 하는 단점이 있다.

- 사각형의 얼굴을 가진 부하에게는 지시와 명령보다 협조를 구하는 것이 좋고, 일을 맡겼으면 확실하게 위임하고 결과에 대해 책임을 지도록 해야 한다. 부하가 잘못을 했을 때는 자존심 상하지 않게 조용히 불러서 잘못된 점을 지적해줘야 한다.

- 사각형의 상사에게 보고할 때는 결론 없는 긴 설명보다 핵심만 간단명료하게 보고해야 한다. 주도형의 상사가 실수를 하면 모르는 척, 못 본 척하는 게 가장 좋고, 상사에게 실수했으면 빨리, 여러 차례 사과하는 게 좋다.

- 어디서나 주도형이어서 타협하기보다 자기주장만 하므로 동료들에게도 따돌림당하기 쉽다.

회피하는 환경
- 자신의 결정권이나 통제권 없이 다른 사람의 지시를 받고 보고하고 체크 받는 일을 싫어한다.

- 상대방을 부드럽게 대하고, 일이 없거나 반복적이고 예측가능한 일은 피하고 싶어 한다.

인상 특징

머리카락은 부드럽고 이마는 벗겨지기 쉽다. 머리카락의 경계인 발제선과 이마가 완만하게 생겼다. 약간 곡선인 눈썹은 숱도 적당하고, 눈은 작고 둥글어서 온화한 인상이다. 적당한 높이의 살집 있는 콧대는 아래로 내려오면서 넓어지고 콧방울도 발달해 있다. 입술은 도톰하면서도 야무진 느낌이며, 둥그스름하게 살집이 있는 턱을 가지고 있다. 둥근형의 사람은 목소리도 크지 않고 부드럽다. 영양질이어서 복부비만이 되기 쉬워 혈관이나 심장병 등 성인병에 걸릴 가능성이 높다. 돈이 붙는 얼굴형이나 살이 없는 둥근형은 사람만 좋을 뿐 돈과는 거리가 멀다.

성격 특성

- 전체적으로 동글동글한 인상처럼 성격도 온화하고 부드럽다.

- 남녀 모두 사교적이며 대인관계가 원만한데, 특히 둥근형의 남자는 요령이 좋아서 항상 좋은 기회를 잡는 출세형이다.

- 자신의 노력에 따른 운도 있지만, 다른 사람의 도움으로 운이 열리는 경우가 많다.

- 매사에 적극적이고 화술도 좋아서 어디서나 적응하고 수용하는 능력이 뛰어나다.

- 분위기가 우울하거나 조용한 것을 참지 못하고, 항상 즐겁고 낙천적이라 스트레스를 가장 적게 받는다. 여러 사람과 함께 있을 때 행복을 느끼고 인생을 즐겁게 살고 싶어 한다.

- 사람을 좋아하고 너무 믿는 반면, 싫은 소리를 하지 못하고 거절하지 못해서 낭패를 보기도 한다.

- 둥근형의 여성은 어떤 모임에서나 밝고 명랑한 성격으로 남성들에게 인기가 많다.

업무스타일

- 행동이 민첩하지는 않으나 사각형과 역삼각형의 중간으로 보기 때문에 실행력도 있다.

- 모든 일에 적극적이고 의욕을 보이지만, 일에 대한 집념이나 끈기가 부족하다.

- 인정받지 못할 때는 힘들어하지만, 칭찬을 해주면 아무리 힘들어도 금방 힘을 낸다.

- 대담하고 욕심과 열정은 많으나, 모든 일을 대충 처리하는 편이다.

- 정에 약하고 감정적이어서 객관적이고 공정성이 필요한 일에서는 문제가 발생할 수 있다.

- 남과의 다툼을 싫어하고 타인에게 협조적이며, 어디서나 분위기 메이커로 인기가 많다.

- 유머감각과 아이디어가 많아서 시작은 잘 하나 마무리가 약해서 무책임한 사람, 말만 앞서는 가벼운 사람으로 보일 수 있다.

리더십

- 여러 사람들의 의사를 반영하는 민주적인 관리스타일을 선호하는 부드러운 리더십을 가졌다.

- 핵심역량이나 지침보다는 정情이나 파이팅문화로 조직을 끌

고 가는 타입이라 목표의식은 대체로 약하다.

- 경직되지 않은 자유롭고 편한 분위기 조성에는 도움이 되지만 목표를 향한 의지, 실적, 평가관리에는 불리하다.

- 처음 한동안은 분위기가 좋은 것 같지만, 시간이 흐를수록 긴장감과 기강이 떨어지고 느슨한 조직이 되기 쉽다.

- 목표의식보다 정에 치우치는 것을 유의하고 결과중심적인 사고나 태도가 필요하다.

회피하는 환경

- 조직원들 사이에 믿음이 없고, 웃음이 없는 적대적인 분위기에서는 적응하기 어렵다.

- 일을 잘해도 칭찬이나 인정받지 못하는 것과, 딱딱하고 경직된 분위기를 싫어한다.

- 사람들 속에서 일하는 것을 좋아하므로, 사람 없는 환경에서 일하는 것을 제일 싫어 한다.

- 시간 제한이나 규칙이 엄격하며 세밀하고 반복되는 단순 업무는 금방 싫증을 낸다.

- 숫자에 약하고 논리성이 떨어지므로 객관적이고 냉정하게 판단하는 일은 맞지 않는다.

역삼각형의 얼굴 – 사고형

인상 특징

역삼각형과 달걀형이 있는데 이마가 넓고 높아서 머리가 발달해 있으며, 턱선이 가늘고 뾰족한 것이 특징이다. 특히 역삼각형인 사람의 이마는 더 넓으며 턱은 더 뾰족하다. 나이가 들수록 발제(머리카락의 경계선)가 벗겨져서 이마는 점점 넓어진다. 눈썹은 가늘고 부드러우며 눈도 작고 가늘어서 차가운 느낌이다. 목소리도 작고 높다. 코는 잘생겼으나 폭이 좁고 콧대가 높으며 입은 작고 입술은 얇다. 심성질이어서 어깨는 밋밋하고 전체적으로 호리호리해서 늠름하거나 강해 보이지 않는다. 달걀형은 하체가 가늘고 날씬해서 걸음걸이가 날렵하고 우아하다. 갸름한 얼굴에 살찌는 체질이 아니어서 나이가 들어도 몸매가 변하지 않는다.

성격 특성

- 역삼각형의 남성은 매우 치밀한 두뇌와 꼼꼼하고 섬세한 성격을 가지고 있다.

- 신중형이어서 답답할 만큼 고지식하게 원칙을 중요시하고 책임감도 아주 크다.

- 직장에서는 사고형(두뇌형)으로 인정받으며 중요한 위치에 있고, 전문가 수준의 지식이 있다.

- 부정과 비리와는 거리가 먼 법과 원칙을 잘 지키는 정직한 사람이다.

- 마음을 열고 깊이 사귀는 교제는 좋아하지 않고, 번잡하고 시끄러운 것도 싫어한다.

- 혼자 있기를 좋아해서 조용히 독서하거나 사색을 즐기고, 자신이 하고 싶은 일에 열중한다.

- 빈틈이 보이거나 예의 없는 무례한 행동을 싫어하며, 사람을 어느 정도 거리를 두고 대한다.

- 자신은 물론 주변도 정리가 잘되고 깨끗해야 하는 깔끔한 성격이다.

- 소심하고 사교성이 부족해서 겉돌기 쉽고, 낯도 가려서 터놓고 이야기할 친구가 부족하다.

- 작은 일까지 신경을 써서 스스로 속을 끓이며 잔걱정이 많고 비관적이다.

- 성격이 예민하고 내성적이며 비위도 약해서 신경성 위염이나 장이 약한 편이다.

- 역삼각형인 여성은 머리 회전이 빠르고 미래를 계획적으로 준비하는 현명함이 있다.

- 역삼각형인 여성은 반듯한 옷차림에 항상 수수하고 검소하지만, 달걀형인 여성은 꾸미기 좋아하고 센스와 재능이 많다.

업무스타일

- 이마가 아주 잘생긴 역삼각형의 사람은 뛰어난 관찰력과 정교한 분석력으로 사회에 공헌하는 바가 크다. 자신에게 일이 맡겨지면 왜 해야 하는지를 분명하게 알아야 한다.

- 자신이 만족해야 하며 결과보다 과정을 중시하고, 속도보다 질적 우수성을 우선한다.

- 실수에 대한 두려움으로 완벽하게 준비하느라 일의 진행이 늦고, 일을 시작하기도 전에 결과를 자신의 머리로 판단하는 경향이 있다. 이런 것들은 결단력 부족으로 비쳐진다.

- 머리가 좋아서 상상력과 아이디어는 많지만, 몸을 움직이는

적극적인 실행력은 떨어진다.

- 사무실이나 책상 등의 주변이 흐트러지고 산만하면 집중하지 못하고 일에서 손을 떼기도 한다.

- 똑똑하지만 말이 많고 따지는 경향이 있어서 상사의 관심에서 멀어질 수 있다.

- 무능한 상사를 무시하기도 하는데, 결국은 자신의 발등을 찍는 일이다.

리더십

- 카리스마보다는 전문적인 업무지식을 원하고 정확한 것을 선호하며, 계획대로 진행하는지 확인하는 관료적인 스타일이다. 완전한 업무절차를 좋아하고, 숫자에 민감하게 반응한다.

- 역삼각형 상사는 팀원들 특히 부하에게 냉정하게 대하는 편이다. '가깝고도 먼 당신'을 선호하는 신중형으로 어느 정도 거리를 두고 조직원을 대한다. 인간적인 친분 때문에 판단력이 흐려지는 것을 사전에 차단하기 위해서다.

- 역삼각형의 부하는 직책이나 직위에 구애받지 않고 어떤 권위에도 머리 숙이지 않으며 타협하지도 않는다. 타협의 여지가 없으면 아무리 좋은 조건이라도 미련 없이 떠나버린다. 인간적인 관심을 보여주고 웃음과 대화로 대한다면 분위기도 업무도 전보다 훨씬 향상되고 유능한 직원을 놓치지도 않을 것이다.

회피하는 환경

– 자신의 행동이나 업무에 비판을 받을 때, 통제를 못하여 책임지는 일이 발생할 때, 빠른 분석결과가 요구될 때, 감정적인 표현을 해야 하는 자리를 어려워한다.

– 청결하지 않은 사무실 환경도 아주 싫어한다.

얼굴형에 맞는 유망한 직업군

한의사 정창환은 그의 저서 〈얼굴여행〉에서 사각형의 얼굴은 각지게 생겼으므로 잘 머물지만 구르지 못하는 모순이 있고, 둥근형의 얼굴은 둥글기 때문에 잘 구르는 대신 한곳에 머물지 못하는 모순이 있으며, 역삼각형의 얼굴은 상승하는 기운이 강한 반면에 하강하지 못하는 모순이 있다고 말한다. 디스크 전문가 홍광수 박사도 그의 저서 〈관계〉에서 내 성향에 가장 잘 맞는 직업을 선택하는데 얼굴형과 밀접한 관계가 있는 디스크를 활용하는 내용을 소개했다.

얼굴의 생김새에 따라 각각의 성격이 다르니 선택해야 할 직업 또한 다를 수밖에 없다. 자신에게 맞지 않는 옷을 입고 어울리지 않는다며 갈등하고 후회하기 전에 적성에 맞는 직업을 찾는 노력이 필요하다.

• 사각형 얼굴

전체를 볼 줄 아는 리더의 위치에 있어야 하고, 상하관계가 분명한 직업이 좋다. 세심하고 세부적인 행정이나 꼼꼼한 일을 하는 사무실보다 현장에 나가는 것을 좋아한다. 대형 프로젝트나 개인 사업, 국가나 그룹경영 등 열정과 추진력이 있는 일에 적합하고, 쉬운 일보다 남들이 어려워하는 일을 하고 싶어 한다.

어떤 일을 하느냐도 중요하지만 어떤 자리나 위치에 있느냐가 더 중요한데, 워낙 주도적이고 자기과시가 강하기 때문이다. 어디서나 리더의 위치에 있지 않으면 상사를 포함하여 누구와도 충돌이 많다. 이런 사람이 자기성향에 맞는 직업과 주도적으로 일할 수 있는 위치에 서려면 일찍부터 노력해야 한다.

유망한 직업군

- 대통령, 기업총수, 사업가, 법조인(특히 검사), 군인, 경찰관 (수사관이나 강력반 형사), 정치가, 소방관, 교도관, 무술인, 스포츠맨, 체육교사, 운동선수(야구, 골프 등), 운동감독 및 코치, 운동경기심판, 드라마 PD, 영화감독(전쟁영화나 스릴 영화), 스턴트맨, 기자, 건축가, 대형공사감독, 보안관리요원, 탐험가, 항해사, 비행사, 선장 등

• **둥근형 얼굴**

감정을 잘 표현하는 탁월한 언변으로 설득력이 있고 낙관적이며 외향적인 성격이다. 다정다감하고 사교적이어서 호감을 주고, 대인관계가 원만해서 주변에 사람이 많다. 밝고 웃는 얼굴로 친절해서 상대방이 기뻐하면 자신도 즐거운 사람이다. 어디서나 분위기 조성을 잘하고 열정적으로 전파하며 영향력을 행사하면서 빛나고 싶어 한다. 머리 아프게 이론적이지 않으면서 책임감은 덜한 사업이나 사람을 연결해주는 일, 영업직 등 사람 상대하는 일이 잘 맞는다.

유망한 직업군

- 외교관, 무역전문가, 유통업관리자, 중매인(자동차, 부동산, 농산물), 협상가, 동시통역사, 교사, 학원강사, 유치원

교사, 국제회의 진행자, 외환 딜러, 무역전문가, 보험설계
사, 유통업, 영업직, 홍보직, 간호사, 언어치료사, 각종 서
비스업, 메이크업아티스트, 자영업, 비서직, 은퇴설계사,
상담사(직업, 진로, 청소년, 부부), 사회복지사 등

• **역삼각형 얼굴**

사물에 대해 논리적이고 핵심 파악이 뛰어나며 일 처리도 정확하기
때문에 섬세하고 치밀한 업무(기획, 인사, 총무), 형식이나 규칙, 순서
를 정해서 하는 일, 체계적으로 하는 일, 전문적인 지식이 필요한 일
등 참모형에 잘 맞는다. 아이디어는 많지만 실행력이 떨어져서 현장보
다는 사무실에서 하는 일을 선호한다. 얼굴이 달걀형인 사람은 균형
을 잘 잡아야 하는 피겨 스케이트, 발레, 스포츠댄스 등을 잘한다. 미
적 센스가 뛰어나서 꾸미는 것을 좋아하고, 재치 있게 자기표현을 잘
해서 연예인에게 많다.

유망한 직업군
- 세무사, 행정가, 변리사, 회계사, 법조인, 바둑기사, 대학교수,
  교사, 의사, 약사, 수학자, 과학자, 물리학자, 화학자, 천문학
  자, 지질학자, 통계학자, 연구원, 프로그래머(컴퓨터, 게임),
  철학자, 종교인, 손해사정인, 보험계리인, 시장조사 분석가,
  감정평가사, 변리사, 공인노무사, 은행원, 공무원, 웹마스터,
  건축설계사, 측량사, 작가, 연출가, 화가, 피겨 스케이트, 리
  듬체조, 발레, 고전무용, 연예인 등

인상마케팅, 고객을 알면 **돈**이 보인다

마케팅에서의 마켓^{market}이란 상품을 구매하는 고객^{customer}을 말하는 것이며, 고객이 원하는 것이 무엇인지 알아내는 것이 마케팅의 출발이다. 과거에는 소극적으로 가만히 앉아 영업했지만, 시간이 지날수록 고객의 생각과 마음을 읽어내는 적극적인 방법이 필요해졌다.

기업의 생존을 위해 발전해 오던 마케팅에서 인상학과 마케팅을 접목한 인상마케팅으로 발전하여 활용도가 커지고 있다. 영업현장에서 고객의 인상으로 고객의 니즈^{needs}를 파악할 수 있다면 적절한 대응으로 매출 증대에 활용할 수 있기 때문이다.

측면 얼굴에 따른 세일즈 전략

얼굴은 정면 이외에 측면에서 보는 방법도 있다. 정면에서 본 얼굴형과 측면에서 본 얼굴형을 플러스해서 본다면 더욱 정확하게 볼 수 있다.

- **돌출형 얼굴**

    얼굴의 코를 중심으로 측면의 얼굴이 볼록한 모양을 돌출형 또는 양성형이라고 한다. 직감에 의존하기 때문에 무엇이든 즉시 실행에 옮기지만 금방 흐지부지해 버리기 쉽다. 매사를 깊이 생각하지 않고 쉽게 시작해서 쉽게 포기하는 성격이다. 명랑하고 상쾌한 인상이지만, 좋고 싫음이 그대로 얼굴에 나타나며, 괴롭고 슬픈 일은 바로 잊어버린다. 나를 내세우는 성향이 있어서 사실보다 부풀려서 말하는 편이다. 노골적이고 흥분하는 성격 탓에 주위와 충돌하기 쉽다. 돌출형의 사람은 남들이 사거나, 유행하는 인기상품이면 쉽게 결정하고 많이 구매할 수도 있다. 충동적인 결정을 후회할 수 있으므로 확실한 마무리가 필요하다.

- **오목형 얼굴**

    코가 있는 가운데가 들어가고 이마와 턱이 앞으로 튀어나오는 초승달 모양을 오목형 또는 음성형이라고 한다. 내향적이고 소극적이어서 사물을 면밀히 살피는 성향이다. 머리는 좋지만 말이 없어서 속을 알 수 없다. 온화하고 인내심과 지구력은 있으나 어떤 일에 봉착하면 과감하게 결론을 내리지 못한다. 평소에는 아무 말이 없다가 갑자기 돌출행동을 해서 주위 사람을 놀라게 하기도 한다. 자기에게 도움을 준 것, 모욕을 주거나 배신당한 것은 가슴에 묻어두고 끝까지 잊지 않는다.

    오목형의 고객은 무슨 생각을 하는지, 어떤 마음을 가지고 있는지 알기가 어렵다. 어떤 상품에 관심이 있는지, 무엇 때문에 결정을 못하는지 살펴보고 도와줘야 한다. 무시당한다는 느낌이 들지 않도록, 예의를 갖춰서 응대하는 게 중요하다. 깊이 생각해서 신중하게 구매하는 타입이어서 일단 결정한 후에는 쉽게 마음이 바뀌지는 않는다.

- 직선형 얼굴

측면의 얼굴이 직선처럼 평평한 모양을 직선형 또는 수직형이라고 한다. 모나지 않는 성격이어서 정상적이고 상식적인 사람이다. 사물에 대한 분별력과 알찬 사고력이 있고, 과장 없이 사실 그대로를 말하기 때문에 신뢰할 수 있다. 만약 동업을 할 경우가 있다면 옆모습이 직선형인지 참고해 보는 것도 좋다. 직선형의 고객은 제품의 특징이나 우수성, 가격의 합리성 등에 대해 설명해주면 신중하게 생각해서 상식적인 선에서 구매하는 고객이다.

얼굴형에 따른 세일즈 전략

얼굴형에 따라 세일즈 전략에도 유용하게 활용할 수 있다. 원만하고 융통성 있는 성격 때문에 세상을 둥글둥글하게 살아가는 '둥근형', 융통성 없이 쓸데없는 고집을 부리다 손해를 보고 말 한마디를 해도 예쁘게 못하는 '사각형', 자존심이 강하고 날카로우면서 예민한 성격 때문에 마음의 상처를 잘 받는 '역삼각형' 등 다르게 생긴 얼굴형만큼이나 각각의 성격에 따른 구매심리도 판이하게 다르다. 얼굴유형을 보고 고객의 구매심리를 파악할 수 있다면 매출 증대에 활용할 수 있을 것이다. 그렇다고 해서 판매원만 고객의 얼굴을 보고 구매심리를 파악하는 것은 아니다. 인상人相이란 서로의 얼굴을 보는 것이므로, 고객 또한 판매원의 얼굴을 본다는 사실을 알아야 한다.

- 사각형 얼굴

   고객인 경우
   - 사각형 얼굴인 사람은 자기가 가장 옳다고 생각하므로 다

른 사람의 의사를 무시하는 경향이 있다. 남의 말을 받아들이지 않고 매사에 독단적인 사람임을 알고 접근해야 한다.

— 체면을 중시하여 남에게 무시당하면 불쾌함을 드러내면서 강하게 거부반응을 보인다. 따라서 길고 잡다한 설명보다 간단명료하게 요점만 설명하는 것이 좋다.

— 상담이나 응대할 때는 어떠한 토론도 절대 금물이다. 말투가 딱딱하고 하고 싶은 말을 다 하지만 돌아서면 잊기 때문에 마음에 담지 말고 끝까지 들어주는 것이 좋다.

— 바겐세일, 인기상품 등으로 설득하는 것을 싫어하고, 남보다 화려한 것, 좋은 것, 흔하지 않은 것을 좋아한다. 따라서 인기상품, 세일상품을 강조하면 역효과일 수도 있다. 판매원의 설명보다 자신의 생각과 판단으로 구매결정을 하는 고객이다. 많이 사지는 않으나 비싸도 실용적인 것을 구매하는 성향이다.

판매원인 경우

— 사각형의 사람은 일에 대한 열정, 부지런함, 경쟁심이 많고 현장형이어서 세일즈에 도전할 수 있다. 돈보다 성취감이나 자존심이 더 중요한 동기가 된다. 그러나 누가 고객인지 모를 정도로 자기주장을 내세우면 실패하므로 그 점을 주의해야 한다. 자존심을 내려놓고 고객의 말을 들어주며 겸손함으로 노력한다면 세일즈로도 성공할 수 있다.

◦ 둥근형 얼굴

고객인 경우

— 돈도 있고 돈을 잘 쓰는 구매력이 가장 좋은 고객이다.

그러나 얼굴과 이마에 탄력 있는 살집이 있어야 한다. 고객과 아주 가까운 친구 같은 느낌을 주면 좋아한다. 고객의 취향, 관심 주제, 칭찬 등의 기분 좋은 화제로 응대하면 마음을 쉽게 연다. 분위기에 편승하는 동조성의 성격으로, 상품의 우수함보다 유명인이나 아는 지인 중에 누가 구입했는지를 알고 싶어 한다. 따라서 아무도 구입했다거나 계약을 했다고 하면 쉽게 결정한다. 요즘 인기상품이라는 것을 이런 방식으로 확인하는 타입이다.

- 둥근형의 사람을 고객으로 만들려면 그룹에서 가장 영향력 있는 사람한테 소개받는 것이 좋다. 그러나 분위기에 편승해서 깊이 생각하지 않고 결정했기 때문에 변심 가능성도 많다. 정에 약하고 성의를 소중히 여기므로 정성스러운 선물이나, 상품의 우수성을 강조하면서 마무리를 잘해야 한다.

판매원인 경우

- 둥근형의 사람은 싹싹하고 친절해서 낯선 사람에게 상품을 소개하고 파는 세일즈에 가장 적합하다. 돈도 잘 쓰지만 돈에 대한 욕심도 많고, 특히 여성인 경우 커리어우먼으로 성공하고 싶은 욕망도 강하다. 성격도 좋고 정 많은 사람이라 고객이 좋아한다.

- 역삼각형 얼굴

고객인 경우

- 논리적이고 꼼꼼하며 정확한 것을 좋아하는 예민한 성격이다. 상담할 때는 제품의 우수성, 내용의 충실함에 포인트를 맞춰야 한다. 내용 없이 이미지나 인기상품임을 강조하면 신용하지 않고 구매하지도 않는다.

– 두뇌형으로 아는 게 많아서 머릿속이 거미줄처럼 복잡하게 얽혀 있는 사람이다. 상품지식은 판매원보다 많이 알 수도 있으므로, 정확하지 않은 것을 억지로 설명하기보다 고객의 풍부한 지식을 칭찬하는 편이 효과적이다.

– 제품에 하자가 있거나 판매원이 실수했을 때는 변명하지 말고 솔직하게 잘못을 인정하면 수긍한다. 처음에는 차갑고 관심을 주지 않지만 지켜보다가 신용을 얻으면 말없이 다른 고객을 소개해주기도 한다. 말 잘하는 판매원보다 순수하고 성실하며 정직한 사람을 좋아한다.

판매원인 경우

– 낯선 사람을 만나는 일이나 몸을 움직이는 일보다 사무실에서 머리 쓰는 일을 좋아하므로 세일즈에는 맞지 않는다. 영업계통의 일을 한다면 시장조사, 마케팅기획, 자료를 만들어서 세일즈를 잘하도록 지원해주는 일이 더 잘 맞는다.

얼굴 부위별 특징에 따른 세일즈 전략

측면에서 보는 얼굴과 얼굴형에 따라서 고객의 구매심리를 파악했다면 이제 얼굴 속에 들어있는 많은 정보를 활용해 본다. 보통은 얼굴형에 맞는 이목구비 등을 가지고 있지만 전혀 다른 생김새를 가진 경우도 많다.

갸름하거나 역삼각형인데 눈썹이 짙거나 코와 입술이 두꺼운 경우도 있다. 이런 경우에는 역삼각형과 이목구비 등에서 볼 수 있는 기질을 가감해서 같이 본다.

- **입술이 두꺼운 고객**

  둥근형의 얼굴에서 볼 수 있는 살집이 있는 영양질 타입이면서 입이 크고 입술이 두꺼우면 먹는 것을 즐긴다. 움직이는 것을 귀찮아하면서도 인생을 즐기려는 성향이어서 미모와 건강, 식품 관련 상품에 관심이 많고 구매의욕도 크다.

  - 윗입술이 많이 두꺼운 사람은 주도적인 성격이다. 만약 고객이 윗입술을 계속 삐죽거린다면 무언가 못마땅한 것이다. 그럴 때는 무엇이 언짢은지 살펴봐야 한다.

  - 아랫입술이 두껍고 많이 튀어나온 사람은 불평불만이 많고 말이 많으며 이기적이다.

  - 윗입술보다 아랫입술이 약간 도톰하면 수용적이어서 상대방의 말을 잘 들어주고 긍정적으로 반응한다.

  - 아랫입술을 벌리고 있으면 만족하고 기분이 좋다는 뜻이다.

이렇게 입술의 모양으로도 고객의 심리를 파악할 수 있으므로, 상품을 팔기 위해 고객을 설득해야 할 때는 상대방의 입술을 주의 깊게 살펴보는 습관을 들여야 한다.

- 잇몸이 보이는 고객

  웃을 때 주로 나타나는 윗잇몸이 보이는 사람은 감추는게 없는 솔직한 성격이다. 자신보다는 가족을 먼저 생각하기 때문에 사랑하는 사람이나 가족을 위해서는 비싼 것도 망설이지 않고 살 수 있다. 까다롭지 않아서 예의를 갖추고 차근차근 설명하면 쉽게 고객이 된다.
  마음을 감동시키면 평생 고객이 되지만, 믿고 샀는데 속았다고 느끼면 바로 등을 돌린다. 분위기에 영향을 받고, 이성에게 호감을 느끼는 형이어서 이성 판매자가 더 낫다.

- 인중이 짧은 고객

  인중이 짧은 사람은 눈앞에 있는 일은 미루지 않고 빨리 해야 하는 급한 성격이다. 일단 결정했으면 최대한 빨리 사고 싶어 하므로, 오래 기다리게 하면 화를 내면서 나가버리거나, 다른 곳에 가서 살 수도 있다.

- 미간이 넓은 고객

  자유분방하고 느긋하지만 호쾌하고 시원시원한 성격이다. 마음이 통하거나 상품이 마음에 든다면 주저하지 않고 구매한다. 성격상 꼼꼼하게 살피지 않더라도 세심하게 설명해주고 정직하게 판매해야 단골이 될 수 있다.

- 눈두덩(전택궁)이 좁은 고객

  꼼꼼하고 세밀해서 자잘한 것까지 체크한 후에 결정하는 좀처럼 실수하지 않는 사람이다. 정확한 것을 좋아하기 때문에 근거 없이 대충 설명하면 신뢰하지 않는다. 제품에 따라서는 각종 자료를 통해서 확인시켜 주고 자신 있게 응대해야 한다. 구매 후에도 집에 가서 다시 한번 꼼꼼하게 살펴보고, 조그만 흠이라도 발견하면 다시 와서 교환이나 환불할 가능성이 많다.

- 눈이 큰 고객

  쌍꺼풀이 있고 눈이 크면 편안하면서도 감정이 풍부한 사람이다. 통이 큰 기분파이며 밝고 명랑하고 화려한 것을 좋아한다. 이런 사람과의 비즈니스를 할 때는 장소, 의상, 메이크업, 헤어, 향수 등에 신경을 써야 한다. 자신에게 맞는 분위기로 배려를 해줬다는 느낌이 들면 일의 성사로 이어질 수 있기 때문이다. 좋은 점을 찾아 칭찬해주면서 제품 설명을 하면 비즈니스 상담이나 세일즈 하기가 훨씬 수월해진다. 감정을 다 표현하기 때문에 속을 알 수 있어서 응대하기 쉽다.

- 눈이 작은 고객

  말이 없기 때문에 무슨 생각을 하는지, 원하는 것이 무엇인지 알기가 어려워서 응대하기 가장 어렵다. 적절한 질문을 통해서 무슨 생각을 하는지 읽어야 하고, Yes나 No로 대답하도록 유도해야 한다. 대화하다 보면 돈을 함부로 쓰지 않는 근검절약형이라는 사실을 알 수 있다. 꼭 필요한 것을 저렴하게 구입하기를 원하는 고객이다.

- 눈썹이 짙은 고객

  사각형의 얼굴 못지않게 자기주장이 강한 주도형이다. 판매원이 말을 많이 하기보다 고객의 말에 귀를 기울이면서 들어주어야 한다. 그러나 성실하게 열의를 보여주면 의외로 쉽게 결정하는 화끈한 성격이다.

- 부드럽고 가지런한 적당한 숱의 눈썹을 가진 고객

  결정하는 데는 신중하지만 까다롭지 않고 변덕이 없는 사람이다. 대인관계가 원만하고 인덕이 많으며 주변에 사람이 많다. 성실하고 약속을 잘 지키는 등의 신뢰만 쌓는다면 좋은 고객을 추천받을 수 있다.

- **콧대가 높은 고객**

  도도해 보일 만큼 콧대가 높은 사람은 자신에 대한 자부심도 자존심도 강하다. 자존심을 세워 주고 비위를 맞춰주면서 조심스럽게 대하는 것이 좋다.

- **코가 아래로 넓은 고객**

  코가 아래로 내려오면서 적당히 넓고 콧방울이 탄력 있게 발달한 사람은 돈이 많다. 돈은 있지만 체면보다 실용적인 것을 선택하기 때문에 무턱대고 구매하지 않는다. 여러 가지를 꼼꼼하게 살펴본 후에 신중하게 결정한다.

- **콧구멍이 큰 고객**

  콧구멍이 큰 사람은 통이 커서 호쾌하게 선심을 잘 쓰는 대장스타일이다. 쫀쫀하고 째째한 것을 싫어하므로 상품설명을 잘하고 거부반응만 보여주지 않으면 망설이지 않고 구매한다. 그러나 쉽게 결정한 만큼이나 환불을 요구할 수 있어 확실한 마무리가 필요하다.

- **콧구멍의 크기가 다른 고객**

  사치하고 낭비하는 타입이다. 그렇다고 해서 부추기기보다는 현명한 구매를 할 수 있도록 적당하게 권해주면 오랫동안 고객으로 남게 된다.

- **턱이 들어간 고객**

  하악골이라 하여 턱이 들어간 사람은 자신의 생각을 단호하게 표현하지 못하는 소극적인 성격이다. 분위기를 리드하면서 자세한 제품 설명, 필요성 강조, 확실하게 권유하면 거부하지 못하고 마음이 약해 구매한다. 그러나 강매라는 느낌이 들지 않도록 세심한 배려가 필요하다.

• 미간에 주름이 있는 고객

미간의 주름은 없어야 좋지만 남성들 가운데 미간에 세로 주름이 있는 경우가 많다. 미간의 주름으로도 그 사람의 성격을 알 수 있고, 주름의 개수로 소비성향을 나타내기도 한다.

주름이 한 줄인 경우 전문가의 주름이라고도 하지만 자기중심적인 성격이고 짜증과 신경질을 잘 낸다. 검소해서 쓸데없는 지출은 하지 않기 때문에 맞춰서 권해야 한다.

주름이 두 줄인 사람은 수입과 지출이 같아서 합리적인 지출을 한다. 낭비하지는 않지만 쓸 때는 큰돈도 쓸 줄 알아서 비싸도 실용적이고 좋은 것을 선택한다. 인정 많고 베풀 줄도 알며 대인관계가 좋은 사람으로 신뢰를 얻으면 소개를 기대해도 좋다.

주름이 세 줄인 사람은 차곡차곡 돈을 모으는 노력형이고 돈에 대한 집착이 강하다. 안정된 생활을 추구하고 물려받은 재산도 늘려간다. 돈에 있어서는 믿을 만한 사람이지만 대인관계는 약해서 인기는 없다. 구매 또한 쉽게 하지 않아서 인내심을 가지고 설득해야 한다.

3장

단박에 재운 읽기

부자의 얼굴을 살펴보자

알리바바 마윈 – 바닥에서 최고 부자로, 작은 거인의 성공신화

'박복하게 생긴 얼굴, 외계인 같은 얼굴, 못난이. 외모 때문에 좌절을 많이 겪었던 마윈, 그래서 더 인기 있는 마윈!' 그의 외모에 대한 말들이다. 31조 원에 달하는 재산으로 중국 최고 부자가 된 마윈은 2014년 세계를 뜨겁게 달구었다. 작은 키에 못생긴 얼굴, 돈도, 학벌도, 인맥도 없는 마윈의 인상과 인생이 궁금하다.

마윈은 이마와 턱이 앞으로 나오고 중앙부가 약간 들어가서 음성형의 얼굴로 볼 수 있다. 이런 얼굴은 머리가 좋고 내향적이며 입이 무겁다.

가끔 돌발행동을 해서 주위 사람을 놀라게 하고, 자신을 도와준 사람이나 배신한 사람, 자존심을 상하게 한 사람에 대해서는 잊지 않는 특성이 있다. 앞을 향해 활짝 열려 있는 귀는 어학에 소질이 있음을 말하는데 마윈에게 영어는 모든 성공과 영광의 시작이 되었다. 눈에 띄게 넓은 이마와 가운데가 들어간 얼굴 때문에 외계인이라는 별명이 붙었을 것이다. 경극을 하는 부모님 밑에서 부유하지는 않았지만 사랑을 많이 받으며 자랐고 좋은 머리를 물려받았다. 특히 해외운을 말하는 변지역마(양이마 가장자리 주변)가 보기 드물 정도로 넓고 두둑하게 발달했다. 이렇게 생긴 이마는 직관이 뛰어나고 다른 사람의 마음도 잘 읽는다. 여기서 나오는 좋은 기운으로 알리바바가 온라인 쇼핑몰로 글로벌기업이 되었다.

눈썹 위로 두둑하게 발달된 근육은 자수성가형의 사람들한테 많이 볼 수 있는데, 마윈 역시 적극적으로 살면서 스스로 부를 이루었음을 알 수 있다. 눈썹 위로 발달한 근육 때문에 상대적으로 학업운을 보는 자리인 미간 윗부분이(이마 가운데) 들어갔다. 이는 학업이 뜻대로 되지 않아 여러 번 떨어진 후에야 겨우 대학에 들어간 것을 의미한다. 이마 측면에 길게 보이는 핏줄은 성격이 예민한 사람한테 나타난다.

옅은 눈썹을 보면 활짝 열린 귀와 함께 남의 의견을 존중하고 유연하게 대처하는 타입이다. 이런 사람은 자기주장을 내세우지 않으면서 분위기를 재미있고 경쾌하게 이끌기 때문에 어딜 가나 인기가 많다.

그러나 인맥을 타고 세상을 살아가는 눈썹은 아니다. 얼굴형은 내향적인데 쌍꺼풀지고 돌출된 큰 눈에는, 자기감정을 모두 표현하는 외향적인 성격도 많이 들어 있다. 전혀 속을 알 수 없는가 하면 때로는 너무 솔직하다 싶을 만큼 모든 것을 다 보여주기도 한다. 돌출된 눈에는 기발한 아이디어가 가득 들어 있고 배포도 커서, 알리바바를 세계 최대 규모의 쇼핑몰로 성장시킬 수 있었다. 큰 눈은 자신을 잘 표현하기도 하지만 사람을 폭넓게 많이 사귄다. 사업 초기에 돈은 없지만 주위의 많은 사람들이 마윈한테는 든든한 지원군이 되었다. 눈이 커서 보통 때는 편안해 보이지만 힘이 들어간 눈에서는 그 어떤 것도 용납할 수 없다는 듯 냉정함과 카리스마가 넘친다.

눈두덩이 좁고 얇아서 일이든, 사람이든 무조건 믿지는 않는다. 섬세하고 정확하게 확인해 가면서 조용하게 일하는 스타일이다. 부부관계를 보는 눈꼬리 옆의 처첩궁이 살집으로 도톰하고 깨끗하다. 마윈 부부는 금슬이 좋고 부인은 내조의 여왕으로도 유명하다.

마윈의 얼굴은 언뜻 보면 돈과 거리가 멀어 보이지만 재물을 상징하는 코가 아주 좋다. 산근(눈과 눈 사이)에서부터 뻗어 내려온 적당히 높은 코에서 재벌 회장의 반듯한 위상을 볼 수 있다. 두껍고 힘 있는 콧대에서 '좋은 전략과 관리시스템도 필요하지만 더 중요한 것은 집행력'이라고 강조하는 마윈의 실행력이 보인다. 점점 아래로 내려오면서 전체적으로 넓고 두껍다. 탄력 있게 발달된 콧방울은 돈도, 사람도, 에너지도 함부로 쓰지 않는다. 때가 되면 통 크게 투자해서 밀어붙이는 공격력도 있고 자기 것을 지켜내는 방어력도 있다.

키는 작지만 반듯하게 생긴 코에서 나오는 기개와 당당함이 있다. 왼쪽 콧방울의 운기를 보는 49세 때 뉴욕 증권거래소에 상장되었고, 알리바바의 기업가치는 1667억 달러(약 174조 원)에 이르렀다.

어렸을 때부터 의협심이 강해 작은 몸집에도 친구들을 위해 싸움을 잘했다. 싸움에서 지지 않는 악착같은 근성은 사업가가 되어서도 유감없이 발휘되었다. 크고 높은 코와 튀어나온 광대뼈 때문에 자존심도 강하고 명예욕과 승부욕도 강하다.

기회 포착을 잘하는 사업가로서의 기질이 눈꼬리 밑까지 올라간 광대뼈에 있다. 사업을 시작한 30대 때는 실패하면서 어려움을 겪었지만, 코와 광대뼈가 좋아서 40대인 10년 동안은 알리바바가 폭발적인 성장세를 보이는 시기였다.

법령은 아래로 내려올수록 넓은 八자로 뚜렷해서 직업운, 부하운, 가정운이 좋고 원칙과 소신도 분명하다. 광대뼈가 크고 피부가 얇으면 뺨이 들어가기 쉽다. 뺨은 부드러운 부분이라 살이 쉽게 찌고, 쉽게 빠지는데 50대 후반의 운기를 보는 자리다. 마윈의 오른쪽 보조개 자리에 있는 깊은 주름은 50대 후반 특히 59세쯤에 크든 작든 운의 변화에 작용한다. 내려온 코끝 때문에 인중이 짧아 보이고 성격도 급하다. 급한 성격은 빠른 변화에 대처해야 하는 IT산업인 알리바바의 사업 성격과 잘 맞는다.

개구쟁이처럼 이를 드러내며 웃는 마윈의 큰 입에는 사업가로서의 야망이 가득 들어 있다. 162cm의 작은 키에 몸무게 45kg의 작은 체구지만 스케일도 포용력도 크다. 마윈은 설득의 귀재였다. 만리장성 안내를 하면서 만난 야후의 CEO 제리 양에게 거액의 투자를 받았고, 손정의를 만났을 때는 6분 만에 투자 약속을 받아냈다고 한다. 갈매기 입술에서 나오는 타고난 달변으로 제리 양과 손정의 회장의 마음을 사로잡았던 것이다. 꽉 다물고 있는 얇은 입술에는 무엇에도 흔들리지 않는 굳은 신념이 있다. 뿐만 아니라 어떤 문제도 망설이지 않고 결정하는 냉철함도 있다.

마윈은 주걱턱이면서 시골(윗턱)이 발달해 있다. 무일푼에서 시작해 15년 만에 알리바바 그룹을 약 160조 원의 기업가치로 성장시켰다. 강인하게 생긴 각진 턱에서 나오는 추진력과 투지가 있기 때문이다. 특히 주걱턱은 내가 최고라는 자부심이 강해서 지기 싫어하고 남의 밑에서는 있지 않는다. 무슨 일에도 의욕적으로 밀어붙이는 힘이 강하고 열정적이며 도전의식이 강하다. 폭이 넓고 앞으로 나온 주걱턱은 의식이 풍족해서 돈 걱정은 안 해도 되고 따르는 사람들도 많아서, 그의 턱은 노후를 보장하는 안심보험이다.

마윈의 연설하는 모습을 보면 양팔 제스처가 아주 크고 손바닥과 손가락을 최대한 쫙 벌리며 연설하는 것을 볼 수 있다. 이런 사람은 통이 큰 '큰손형'이며 자신감이 넘치고 자신이 가지고 있는 것은 솔직하게 다 보여준다. 게다가 쩌렁쩌렁하게 울리는 목소리로 세상의 모든 복을 다 불러들인다. 박복하게 생긴, 외계인 같은, 못난이 원은 인상학적으로는 좋은 얼굴이다. 자신의 단점을 장점으로 활용하고 치열한 노력으로 행운을 잡은 사나이, 마윈은 작은 거인이다.

가난, 도전, 실패, 성공으로 이어지는 마윈의 오뚜기 같은 인생은 헐리우드에서 영화로 제작할 계획이라고 한다. 그의 삶은 그야말로 한 편의 드라마다. 알리바바에서 은퇴하고 '차이냐오'라는 물류회사로 그는 새로운 지평을 연다. 따라서 마윈의 성공신화도 멈추지 않을 것이다.

'샐러리맨의 신화'로 불리며 또다시 한국자본시장의 새 역사를 쓸 미래에셋 박현주 회장, 평범한 샐러리맨으로 출발해 1997년 미래에셋을 창업한 박 회장은 '아시아를 대표하는 글로벌 투자은행^{IB}을 만들겠다'며 포부를 밝혔다. 금융투자업계에서 '승부사'로 통하는 박 회장은 국내에 '펀드 신화'를 만들어낸 입지전적인 인물이다. 마이다스의 손으로 증권업계 1위를 만든 승부사의 기질을 그의 얼굴에서 찾아본다.

박 회장의 얼굴에서 가장 특이한 부분은 끝이 올라간 눈썹이다. 대화할 때, 집중할 때, 중요한 결정을 할 때의 눈썹은 마치 하늘로 용솟음치듯이 올라간다. 사무라이나 무관의 형상을 닮은 눈썹에서 사업에 대한 욕심, 개척정신, 승부사의 기질이 그대로 드러난다. 눈썹이 옅어서 억지나 고집을 부리지는 않지만 '이거다'하는 일은 강력하게 밀어붙일 것이다. 이런 저돌적이고 도전적인 기질과 할 수 있다는 자신감은 바로 눈썹의 기운에서 나온다.

옛날에는 눈썹에서 형제간의 관계를 보았지만 현대에는 대인관계도 같이 본다. 자리가 높아지고, 위로 올라갈수록 외로운 법인데 사람을 가리는 성격이라면 더 외로울 수 있다. 눈썹이 옅은 사람은 고독을 즐길 줄 알아야 하고 혼자서도 잘 지낼 수 있어야 한다. 앞을 향해 돌진만 하려는 눈썹의 기질을 넓은 인당(미간)이 한 템포 쉬면서 느긋하고 여유 있게 가도록 균형을 잡아준다.

올라갈 때가 있으면 떨어질 때도 있는 법이다. 2007년을 비롯하여 위기의 순간들이 있었지만 잘 극복했다. 넓은 인당(미간)의 좋은 기운으로 위기를 기회로 만들 수 있었고 행운도 따랐다.

눈썹이 상당히 위에 있으니 상대적으로 눈두덩이 아주 넓다. 보통은 눈이 세로로 하나가 들어가는데 박 회장은 두 개도 더 들어간다. 눈두덩이 넓으면 한 번 점찍은 사람은 끝까지 믿어주고 평생 같이 가는 의리가 있다. 오랜 세월 함께한 측근들의 자녀들 유학은 물론이고 집안 경제까지 책임진다고 한다. 이미 2000년 3월에 개인 성과급 75억 원을 쾌척해서 '박현주 재단'을 설립했다. 재단을 통해 청년들을 위한 사회 공헌에 앞장서며 통 크게 나눌 줄 아는 마음도 널찍한 눈두덩에서 나온다.

엄청난 독서량으로 앨빈 토플러의 〈제3의 물결〉을 19번이나 읽었다니 그의 독서량이 어느 정도인지 짐작이 간다. 보통 사람의 눈동자는 나이가 들면 약간 갈색으로 변하고 탁해지지만, 명상이나 독서를 많이 한 사람의 눈은 오히려 맑아진다.

박 회장의 눈은 맑고 눈동자는 까만 점칠안이다. 점칠안이란 동공과 검은자위가 매우 칠흑같이 검어서 구분이 안 되는 눈을 말한다. 이런 눈을 가진 사람은 정기가 집약되어 무슨 일을 하든 남보다 뛰어난 능력을 발휘하고 거부가 될 만한 재복이 있다. 작은 눈의 눈끝이 예리하고 날카로워서 모든 사물을 예사롭게 보지 않는다. 작지만 긴 눈은 멀리 내다보는 안목과 통찰력이 있다. 한 분야에서 10년 이상은 정진해야 된다고 강조하는 것과 장기적인 관점에서의 투자원칙은 바로 그의 긴 눈에서 나온다.

강한 기운이 들어 있는 이마가 훤하게 잘생겼다. 넓은 이마에 책을 통해 얻은 지식들이 꽉 차 있는 것처럼 보인다. '미래의 관점에서 현재를 보는 습관이 성공비결'이라는 박 회장은 미래와 현재를 읽는 분석력도 직관력도 탁월하다. 이런 탁월한 식견이 있었기에 남들이 할 수 없는 과감한 결정을 내리고 도전할 수 있었다.

80년대에는 주식투자를 감이나 소문에 의해서 했지만 그는 철저하게 분석해서 투자할 만큼 분석력이 뛰어난 사람이다. 골프 회원권 하나를 팔아도 이익을 남겼고, 포커를 쳐도 승률이 높다고 지인은 말한다. 이마의 양쪽 측면에 있는 현무가 뚜렷하면 꾸물거리는 것을 싫어하고 일사천리로 일을 처리하는 실행형이다.

그는 결정하기 전까지는 신중하지만 결정된 후에는 뒤도 돌아보지 않고 속전속결로 밀어붙이는 성격이다. 경제의 흐름을 읽어내는 능력도 탁월하지만 자신의 결정에 망설임이 없다. 이병철 회장이나 정주영 회장처럼 불가능에 도전한다는 박 회장은 끊임없이 일을 벌인다. 둥글고 좋은 이마지만 약간 뒤로 넘어갔기 때문에 일 또한 쉴 틈 없이 많다. 그의 코는 자본금 8조 원의 증권사 회장에 걸맞게 좋다. 아래로 내려오면서 넓어지며 두껍고 콧구멍이 보이지 않는 코다. 재물복도 많고 돈과 에너지는 써야할 곳에만 과감하게 쓴다. 두꺼운 코는 일을 많이 만들고 준두(코끝)가 두툼해서 현금 흐름도 좋다. 증권사 회장의 코로는 더할 나위 없이 좋은, 증권가를 섭렵한 코다. 코끝이 둥글면 사업을 직접 관리하기를 좋아하기 때문에 무조건 맡기지는 않는다.

초년에서 중년으로 넘어갈 때(41~43세)의 운기를 보는 자리가 산근이다. 41세에 국내 최초로 도입한 뮤추얼펀드가 성공하면서 중년의 시작은 좋은 운으로 출발했다. 이마와 산근이 잘 연결되어 있으면 독자적으로 일한다. 1999년 42세로 산근의 나이에 미래에셋증권을 세운 것도 그와 같은 맥락이다. 코와 관골이 좋아서 40대를 승승장구하며 회사를 키울 수 있었다. 코를 감싸주는 관골도 커서 사업도 아주 적극적이고 공격적으로 한다.

워낙 독보적으로 잘나갔기 때문에 질시하는 눈길도 많지만, 관골이 좋아서 그를 지지하고 도와주는 사람들도 많다. 박 회장의 뜻을 받들고 지지해주는 유능하고 믿을 만한 측근들이 든든하게 포진해 있다. 관골이 좋아서 누리는 인덕이다.

법령(입가 미소선)이 옅은 편이어서 유연하고 융통성 있는 일 처리 방식을 선호한다. 넓은 법령으로 둘러싸인 인중 부위가 넓고 두터워서 재물은 여기서도 풍부하다.

귀가 아주 잘생겼다. 특히 두툼한 귓불이 입을 향하고 있는 아주 좋은 귀다. 어머니 배 속에서의 태교는 물론이고 유년기 시절에도 가정교육을 잘 받았음을 알 수 있다. 귓불이 두툼한 사람은 조직생활에 능하고 계획성도 뛰어나다. 입술이 얇아서 이성적인 결정이 필요할 때는 냉철하게 처리하고, 탄력 있는 얼굴은 하고 싶은 일은 뺏어와서라도 하는 타입이다. 하지만 두툼한 눈두덩과 이목구비에서 따뜻함이 묻어나는 얼굴이다.

올라간 입꼬리와 윗입술이 살짝 말려 올라가서 얇은데 이런 입술은 끝짱 토론을 해도 지지 않는다. 젊은 시절 현장에서도 뛰어난 언변으로 상대의 마음을 단숨에 사로잡아 버렸고, 직원 신분으로 임원들 앞에서도 떠는 법이 없었다고 한다. 50대 후반의 경영자지만 입꼬리가 올라가서 웃는 얼굴이고, 시작한 일은 확실하게 마무리 짓는다. 두툼한 코에 비해 재물을 지켜야 하는 입이 작아서 아쉽지만, 지금처럼 좋은 일을 하면서 덕을 많이 쌓는데 쓰면 좋다.

2015년, 승부사의 기질을 최대한 발휘하여 막강한 라이벌을 제치고 대우증권을 인수했다. 그의 뚝심으로 미래에셋증권은 공룡의 몸집이 되었고 8조짜리 메가 증권사가 탄생되었다. 인중 라인에서 왼쪽 뺨 부위에 탄력이 느껴진다. 그의 나이 58세에 엄청난 일을 이루었다. 이제부터가 더 중요한 시기일 것이다. 사업에는 실력과 노력은 기본이고 운도 아주 중요하다.

좋은 운은 좋은 얼굴에서 나온다. 나이에 비해 주름이 없고 탄력 있는 얼굴이다. 다만 사진상에서는 턱이 시작되는 입술 아래가 입술 위의 피부보다 탄력이 떨어져 보인다. 운기를 말할 때 탄력은 얼굴색과 함께 아주 중요하다. 몸이 피곤하면 탄도가 떨어질 수 있음을 유의해야 한다. 턱은 말년의 모든 것을 말해주는 곳이다. 박 회장의 노후는 일 속에서 즐거움을 찾게 된다. 앞을 내다보는 정확한 직관과 통찰력으로 70대를 훨씬 지나서도 왕성한 활동을 하면서 한국 증권가의 판도를 바꾸는 새로운 역사를 계속 써 나갈 것이다.

롯데가에 거센 폭풍이 들이닥쳤다. 장남과 차남 사이에 롯데그룹의 경영권 다툼이 일어난 것이다. 2015년 대한민국을 강타했던 가장 큰 이슈는 뭐니 뭐니 해도 롯데그룹 형제의 난이다. 작가가 지어낸 드라마에서나 봤던 재벌 그룹의 권력 투쟁에는 부모도 형제도 자식도 없다. 안타깝게도 형제의 난에서 치열하게 싸운 주인공은 아버지인 신격호 총괄회장의 3부자 이야기다. 후계자 문제가 수면 위로 올라오자 장남과 차남 사이에 혈투가 시작되었다. 형과 후계경쟁에서 승리를 잡아 롯데의 새로운 사령탑으로 지휘봉을 잡으면서 승자가 된 롯데그룹 신동빈 회장, 그의 얼굴을 탐험해 본다.

신동빈 회장을 보면 넓고 큰 얼굴에 이목구비가 커서 시원시원하고 활동적인 기업가의 인상이다. 신 회장의 이마는 명석한 두뇌를 가지고 있지만 편편해 이마 윗부분이 비스듬한 삿갓모양을 하고 있다. 양옆의 관자놀이 자리인 천창天倉이 넉넉하고 넓어서 많은 복을 받았지만, 받은 것보다 키우고 늘려야 하는 자수성가형 이마라고 볼 수 있다. 쉽게 얻어지기보다 부딪쳐가면서 일해야 하고, 부친의 인정을 받기 위해서 형보다 더 노력해야 된다는 뜻도 포함된다.

형제의 후계전쟁이 시작되면서 때마침 불어닥친 IMF 위기부터 2008년 세계금융위기까지 신 회장에게는 좋은 기회였다. 롯데의 자금 사정이 넉넉한 상황에서 M&A 귀재였던 신 회장은 활발한 M&A로 몸집을 불려 놓았다. 롯데그룹은 재계 5위까지 부상했고, 한국 롯데와 일본 롯데의 매출이 95대 5로 벌어졌다. 아버지를 등에 업은 형인 신동주 전 부회장을 실적으로 이긴 것이다.

눈썹 위에 두툼하게 붙은 근육을 봐도 얼마나 노력하면서 열정적으로 사업을 했는지 알 수 있다. 이마의 부족한 부분을 보완해준 셈이다. 귀가 잘생겨서 계획성과 조직력이 뛰어나다. 앞에서는 보이지만 뒤로 젖혀진 듯한 귀는 상대방의 의견에 경청은 하지만 최종 결론은 자신이 내린다.

선이 굵은 남성다운 얼굴인데 둥그스름한 옅은 눈썹 때문에 부드럽게 보인다. 완만한 아치형의 눈썹은 풍부한 정서, 유연함, 예술적인 센스는 백화점 사업하고도 잘 맞는다. 미간(눈썹과 눈썹 사이)에 주름이 있어서 순간순간 날카롭고 예민하게 보인다. 회사를 경영하면서 고뇌하고 몰두하는 일이 많겠지만 주름 없는 깨끗한 미간은 인상을 더 편안하게 만든다. 뿐만 아니라 미간에 있는 주름은 행운이 들어오는데 장애물이 될 수도 있다.

길면서도 돌출된 큰 눈(출안)에서 나오는 기질은 신 회장의 사업가로서의 스타일을 가장 잘 보여준다. 긴 눈은 눈앞의 이익만 보지 않고 원대한 계획을 세우면서 사업한다. 미쯔비시상사에서 일한 형과는 달리 신 회장은 노무라 증권에서 일하면서 주식을 배웠다. 그때 벌써 일본 롯데 사장과 임원들을 접촉하면서 자기 사람으로 만들었다. 언젠가는 일본 롯데 홀딩스 지분을 놓고 형과 싸워야 한다는 점을 미리 내다봤던 것이다. 긴 눈의 특징인 멀리 내다보는 안목으로 미리 준비할 수 있었다.

그동안 롯데가 보수적인 경영을 했다면 출안의 특징인 강한 추진력으로 공격경영을 시작할 것이다. 출안에는 관찰력과 번뜩이는 아이디어로 무언가를 만들어서 밀어붙이는 힘이 들어있기 때문이다. 그의 얼굴에서 가장 눈에 띌 만큼 부리부리하게 생긴 길고 큰 눈에서 강한 에너지와 자신감을 볼 수 있다.

눈을 내리뜨면 더 넓어지는 눈두덩은 아랫사람에 대한 이해와 포용력이 넉넉하다. 일단 믿을 만한 내 사람이라고 생각하면 무조건 믿고 끝까지 키워준다. 경영에 발을 들이면서 오랜 세월을 그의 곁에서 최측근 가신으로, 신 회장의 남자로, 그를 보필하는 임원이 여러 명 있는 것을 보면 신의를 지키는 경영자다.

출안임을 감안해도 60이 넘은 나이에 여전히 두툼한 눈두덩에는 사업에 대한 열정이 가득 들어 있다. 눈 아래 부위인 와잠도 탄력 있게 발달해서 건강도, 자녀운도 좋다. 누구든지 허물없이 사귈 수 있는 교제 범위가 넓고 유연하지만 콧날이 예리하고 날씬해서 예민한 부분도 있다. 산근(눈과 눈 사이)이 가늘어서 무슨 일이든 세심하게 살피는 타입이다.

이렇게 생긴 사람은 돈만 보면서 일하지는 않는다. 코끝이 뾰족하면 자기 분야에서 탁월한 능력이 있고 꼭 이겨야만 하는 승부욕도 있다. M&A로 전문성을 보여주고 형과의 경영권 대결에서 승자가 된 것은, 뾰족한 코끝의 기운 때문이다.

얼굴 곳곳에서 예술성을 볼 수 있는데 백화점 오너다운 패션 감각은 콧구멍보다 살짝 내려온 코끝에서 나온다. 갈라진 코끝에는 사업에 대한 그의 집념이 들어있고, 콧구멍이 커서 통도 크고 화끈한 성격이다. 옆으로 벌어진 관골을 보면 급하게 서두르지 않고 시간이 걸리더라도 완벽하게 준비하는 수비형 관골임을 알 수 있다.

동시에 눈꼬리까지 올라온 관골에서는 빠르게 판단하고 대응하는 순발력이 있다. 코에서 관골을 지나 인중(42~52세)까지 중년의 시기에 롯데를 거대한 공룡그룹으로 만들어 놓았다. 그 시기에 신 회장은 능력과 집념을 맘껏 불태웠고 행운도 따라 주었다.

일본 최고 명문가인 처가는 일본에서의 든든한 배경이 되고 아베 총리와도 막역한 사이다. 신 회장이 결혼할 때 일본의 역대 총리가 3명이나 참석했다고 하니 화려한 인맥과 대인관계는 좋은 관골에서 볼 수 있다. 관골에서 나오는 에너지로 책상에만 앉아서 지시하기보다 발로 뛰는 현장형이어서 '탈권위적'이라는 평가를 받는다.

부드럽게 윤기 나는 머리카락에서 섬세하고 따뜻한 사람임을 알 수 있고, 단정하게 빗어 넘긴 헤어스타일을 보면 업무스타일을 포함한 모든 면에서 깔끔한 것을 좋아한다. 이런 사람은 도전적이면서도 안정감을 중요시한다. 옷차림도 말도 행동도 반듯해서 '잰틀맨 경영자'로 불리고 실력도, 카리스마도, 포용력도 골고루 겸비한 경영자다.

인중이 길어서 느긋하게 기다려주고 봐줄 때는 봐준다. 인중에 홈이 뚜렷해서 역시 자녀운이 좋고 인중 부위가 두둑해서 재물도 풍부하다. 큰 입으로 잇몸이 드러나게 파안대소하는 걸 보면 감추는 게 없는 솔직한 사람이다. 뛰어난 화술을 가지고 있지만 인터뷰하는 것을 싫어하는 것은 서툰 한국말 때문이리라. 입술선이 뚜렷하고 입이 커서 스케일이 크고, 입술이 두꺼워서 무슨 일이든 밀어붙이는 투지가 있다. 노력과 운이 만나서 그의 나이 61세에 경영권 분쟁에서 최종 승자가 되었다.

결심을 할 때나 자신감이 넘칠 때, 말 대신 습관적으로 턱에 힘을 주면 복숭아씨처럼 오돌도돌한 모양이 생긴다. 이런 경우 특별하다는 권위의식과 자신에게 엄격함이 있다. 경쟁에서 승자가 되었지만 신동빈 회장의 경영혁신은 이제부터 시작이다. 그룹이 클수록 가지 많은 나무에 바람 잘 날이 없으니 경쟁에서 이기는 것도 어렵지만 지키는 것은 더 어려울 수 있기 때문이다.

더구나 형인 신동주 부회장이 모든 결과를 받아들이면서 조용히 있지는 않을 것이다. '운칠기삼'이라는 말이 있듯이 모든 일의 성패에는 노력 이상의 운이 따라주지 않으면 뜻을 이루기 어렵다. 이렇게 중요한 운은 얼굴의 탄력과 찰색에서 많은 영향을 받는다. 특히 턱의 운기를 받을 나이여서 턱에 탄력이 떨어지지 않아야 한다. 그리고 경영자의 뺨과 턱을 보고 아랫사람에게 얼마나 베풀고 헌신했는지를 가늠할 수 있는데, 턱은 주로 아랫사람을 나타내기 때문이다. 지금이야말로 턱과 함께 관골에서 뺨까지 얼굴 전체에 탄력이 붙도록 마음관리가 필요한 시기이다.

백종원 – 요식업계의 미다스 손, 밥 재벌

'마성의 레시피', '슈가보이', '백주부'란 별칭을 달고 다니며 사람들을 TV 앞으로, 주방으로 달려가게 한 남자, 백종원 대표는 대한민국을 요리심料理心으로 평정했다. '만능간장', '마성의 된장찌개', '양파캐러멜 카레'등 그가 선보이는 레시피마다 빅히트를 쳤고 '참 쉽쥬?' 한마디면 끝이다.

족보도 없고 쉐프도 아니어서 정통성은 없지만 요리방송 〈집밥, 백 선생〉으로 예능계를 들썩인다. 수더분하고 소탈한 인상과 특유의 충청도 사투리로 풀어내는 간단한 요리로 그의 인기는 상종가를 치고 있다. 인상학으로 보는 백 선생의 성공요인은 무엇일까?

백 선생은 同자형의 얼굴인데 同자형은 얼굴형 중에서 가장 좋은 귀족형의 얼굴이다. 초년부터 말년까지의 운이 골고루 있어 굴곡이 적고 평탄하기 때문이다. 이런 얼굴형은 평생을 풍족하게 살 수 있는 복이 있고 성격도 온화하다. 조부는 학교를 설립했고 부친은 교육감을 지낸 교육자 집안에서, 사랑을 많이 받고 자란 사람답게 이마가 넓고 둥글게 잘생겼다. 대학 시절 선배들로부터 '슈퍼 부르주아'로 불릴 만큼 금수저를 물고 태어난 셈이다. 그의 얼굴은 균형 있고 탄력 있는 살집으로 안정감 있고 넉넉하게 보인다. 백 선생이 더 편안하게 보이는 이유는 눈과 눈썹 사이, 즉 눈두덩 때문이고 인기비결은 '괜찮아'라고 말해주는 거다.

'칼질 못해도 괜찮아, 채칼 쓰면 되유~'

'민트 없어도 괜찮아, 깻잎 넣으면 되유~'

'칼로리 좀 높아도 괜찮아, 맛있으면 되유~'

'요리 못해도 괜찮아, 사 먹으면 되유~'

웬만한 건 봐주고, 믿어주고, 기다려주는 느긋함, 특유의 친화력은 바로 넓은 눈두덩에서 나온다. 그래서인지 보고만 있어도 힐링이 된다. 이런 사람은 까다롭지 않고 베풀기 좋아해서 기부도 통 크게 하고 인덕도 많다. 국내 매장 426개도 부족해서 중국으로 진출하며 사업과 방송일까지 척척 해내는 스태미나는 두툼한 눈두덩에서 나온다. 자녀궁인 눈밑살까지 볼록해서 지치지 않는 건강은 타고났고 자녀운도 좋다.

칼귀는 독창적이고 창조성이 필요한 요리에도 잘 맞는다. 앞에서 보면 잘 보이지 않는 귀는 그의 요리를 비난하는 누구의 말에도 상관하지 않고 자신의 의지를 관철한다. 사업가인 그가 방송인으로 인기를 얻는 것은, 큰 눈과 눈동자에서 나오는 풍부한 감정과 표현력이 있기 때문이다.

돌출된 눈에는 요리에 대한 열정과 기발한 아이디어가 떠오르면 반드시 해보는 집요함이 있다. 워낙 활달해서 외향적으로 보이지만 내성적인 면도 있는데 양쪽 눈의 크기가 다른 음양안이기 때문이다. 음양안은 머리는 좋지만 속을 정확하게 알 수 없는 대신 누구에게나 잘 맞춘다. 사업가의 눈이 음양안이면 돈의 흐름을 잘 알고 이재에 아주 밝다. 이런 능력으로 IMF 때 건설업으로 실패해서 많은 빚을 졌지만 음식사업으로 빚을 갚고 성공할 수 있었을 것이다.

짙은 일자눈썹이 끝으로 갈수록 굵어져서 한 번 한다면 하고, 일을 시작하면 밀어붙여서 끝장을 보는 성격이다. 안 되면 될 때까지 하는 기질 때문에 다양한 메뉴를 직접 다 개발하며 외식업으로 성공할 수 있었다. 눈썹이 짙어도 차분하게 누워있으면 마당발이라는 소리를 들을 만큼 대인관계가 좋다.

손가락 두 개보다 더 들어가는 널찍한 인당(미간)을 보면 틀에 매이지 않는 사업과 방송일이 잘 맞는다. 웬만한 중년 남자의 미간에 생기는 굵은 주름이 없어서 더 편안해 보이고 좋은 인상을 준다. 이런 사람은 매사에 긍정적이어서 어려움이 있어도 전화위복의 기회도 많고 도움의 손길도 많다. 일생동안 행운이 들어온다는 인당이 좋아서 백 선생은 승승장구하며 성공가도를 달리고 있다.

백 선생의 코는 얼굴에 비해 약간 짧은 편이고 그리 높지 않다. 짧은 듯한 코는 성격은 급하지만 속전속결로 대처하는 순발력이 있어서 외식체인 사업을 하는 그에게는 안성맞춤이다. 둥글고 두툼하게 살집이 있는 코끝에 재복이 들어있다. 높지 않은 코 때문에 성공한 사업가로, 방송인으로 유명세를 타지만 소탈하고 편안한 요리선생일 뿐이다. 살로 잘 쌓여진 관골은 코와 균형이 잘 맞는다. 거칠고 강해 보이지 않으면서도 에너지가 충분하게 들어있는 좋은 모양의 관골이다. 코와 관골이 좋아서 중년의 운기를 보는 40대에 많은 것을 이루었다. 콧구멍이 보이는 사람은 돈 쓰는데 인색하지 않아서 선심도 잘 쓴다.

안정된 직업운과 강한 성공운을 보는 八자의 길고 뚜렷한 법령(입가 미소선)이 좋다. 평소에는 소탈하고 사람 좋아 보이지만 뚜렷한 법령을 보면 웬만한 일에는 타협하지 않는 소신이 있다. 법과 원칙을 중요시하기 때문에 세무조사를 받았지만 법을 위배하는 일은 없을 거란 생각이다. 뚜렷한 법령을 가진 사람은 자신과 주변 사람들에게 엄격하고 일 관리도 철저하다. 전체 매장의 모든 조리과정을 매뉴얼화하고 수백 개 점포의 점주들을 철저히 교육시킨다고 한다. 사업가로서의 기본을 중시하는 그의 원칙과 소신은 성공요인이기도 하다.

인중자리에 짙게 포진해 있는 콧수염은 늦게까지 일하고, 넓게 퍼져 있는 턱수염도 좋아서 아내의 내조도 크다. 현재의 나이가 51세로 50대를 시작하면서 새로운 변화를 맞이하고 있다. 제2의 변화궁인 인중이 좋아서 50대의 출발이 좋다. 법령이 넓다보니 코와 입 사이에 있는 인중 자리의 식록이 넓고 두툼하다. 옛날에는 곡식창고에 식량이 가득하다고 보았지만 요즘에는 지갑에 돈이 마르지 않는 풍부한 재물로 본다.

얼굴 전체가 좋지만 하관(얼굴 아래쪽인 입에서 턱까지)이 특히 좋다. 말로도 요리를 한다고 할 만큼 말을 잘하는 백 선생은 전형적인 갈매기 입술이다. 충청도 사투리로 구수하게 풀어내는 입담은 시청자를 끌어들이는 마력이다. 입꼬리가 올라가면 일 처리도 깔끔하고 누구에게나 호감을 준다. 평소에도 늘 웃으면서 살았기 때문에 가만히 있어도 웃는 얼굴이다. 뚜렷한 입술선과 큰 입 그리고 잘생긴 턱 때문에 60대도 좋을 것이다. 환하게 웃을 때 보이는 가지런한 치아는 그의 얼굴을 더욱 빛나게 해주고, 어딜 가나 좋은 성격으로 인기 있는 사람이다.

많은 사람들을 만나면서 즐겁게 일하고 즐겁게 살아서인지 뺨에는 탄력이 붙었다. 뺨에서 이어지는 턱 부위가 좋아서 58~59세의 운기도 좋다. 뺨과 턱선이 좋다는 것은 따르는 아랫사람이 많다는 뜻이고, 두툼한 턱은 편안한 노후를 말해 준다. 턱의 탄력만 떨어지지 않으면 아내의 내조를 받으면서 늦게까지 즐겁게 일할 수 있다. 온화하고 베푸는 성격 때문에 주위에 사람이 많아서 외로울 틈도 없다.

가슴이 넓고 턱살이 두둑해서 목도 굵고 두껍다. 두꺼운 목에는 욕심도 많고, 넓고 두툼한 가슴은 배짱이 두둑하다. 생김새가 넉넉하니 마음도 넉넉한 사람이다. 지금처럼 항상 웃으면서 열심히 사업하고 주변을 돌아보며 산다면 더 사랑받는 '백주부, 집밥 백 선생'이 될 것이다.

단, 살이 찌기 쉬운 체질이다. 결혼하느라 10kg를 감량했다는데 지금 보다 더 살이 찌지 않도록 관리해야 한다. 탄력 없이 찌는 살은 건강에도 해롭지만 좋은 운을 유지하는데도 좋지 않기 때문이다. 많은 사람들에게 사랑 받고 성공할 수밖에 없는 좋은 얼굴이다. 왼손잡이여서 요리 센스까지 뛰어나다. 그는 쉽고 단촐한 요리로 요리에 대한 개념을 바꾸며 남자들에게 앞치마를 입혀서 주방으로 보내고 있다. 자격증 없는 요리사, 백 선생의 요리에 대한 열정과 철학 그리고 그의 꿈은 어디까지일까?

마크 저커버그 – 성공할 수밖에 없는 타고난 승부사

페이스북 최고경영자 CEO 마크 저커버그가 그의 아내 프리실라 챈이 함께 소유한 페이스북 지분 99%(약 52조 원)를 기부한다고 발표했다. 이번 기부는 딸 맥스 Max의 탄생을 기념해 이루어진 것이다. 세계 부자 순위 10위 안에 드는 마크 저커버그는 빌 게이츠와 워렌 버핏에 이어 통 큰 기부를 했다. 최연소 억만장자인 마크 저커버그의 얼굴이 궁금하다.

얼굴의 정면은 사회적인 영역을 나타내고, 측면은 개인적인 영역을 나타낸다. 마크 저커버그의 측면의 얼굴은 넓으면서 코가 있는 중앙부위가 볼록한데 이런 얼굴은 아주 적극적이다. 정면의 얼굴이 길고 폭은 좁아 보이지만 서양인임을 감안하면 좁은 얼굴이 아니어서 활달한 성격이다. 정면과 측면의 얼굴이 말해주듯이 사회생활이든, 개인생활이든 하고 싶은 일은 적극적으로 하면서 살아가는 사람이다.

이마는 윗사람의 음덕을 보는 자리다. 치과의사인 아버지와 정신과 의사인 어머니 사이에서 태어난 저커버그는 부모의 관심과 사랑을 많이 받고 자랐다. 좋은 이마는 논리적인 사고력, 직관력, 이해력 등이 뛰어나다. 11세에 병원의 컴퓨터에 환자의 도착을 알리는 프로그램을 개발할 정도로 영재였다. 중학교 때는 로마사를 바탕으로 한 게임을 만들어서 천재성을 발휘하더니, 고등학교에 다닐 때는 마이크로소프트사에서 입사 제의가 들어오기도 했다. 이런 천재성은 넓고 둥글게 발달한 좋은 이마에서 나온다. 전체적으로 둥글게 잘생긴 이마에서 양쪽 관자놀이 부위인 천창이 들어갔고 눈썹 위에 근육이 두껍게 솟아있다. 이는 스스로의 힘으로 성공했음을 말해주고, 페이스북을 창업해서 세계적인 기업으로 키우기까지 인터넷에 쏟은 열정과 집념을 대변해 주기도 한다.

마크 저커버그는 맑고 큰 눈에 눈빛이 선하다. 눈이 튀어나온 사람은 간이 배 밖으로 나왔다고 표현한다. 그만큼 배포가 커서 주변 사람을 놀라게 하는 행동을 한다는 뜻이다. 튀어나온 눈은 하고 싶은 일은 밀어붙여서라도 하는데, 하버드대 입학 후 저커버그는 기발한 아이디어로 놀랄 만한 사건을 일으켰다. 기숙사의 '얼짱' 여학생 사진을 자신이 만든 사이트에 올려 인기투표를 한 것이다. 이 사건은 페이스북을 창업하는 계기가 되었다. 눈이 옆으로 긴 사람은 당장의 돈벌이보다 미래를 볼 줄 안다. 이런 안목으로 세상을 모두 연결하고자 하는 원대한 꿈을 이루기 위해 하버드대를 중퇴하고 페이스북에 자신의 모든 것을 걸었다. 검은 눈동자에는 사업가에게 필요한 현실적인 에너지가 들어있다.

동양인과는 다르게 서양인의 눈두덩은 좁을수록 귀격으로 보는데, 눈두덩이 좁으면 합리적인 것을 선호한다. 그러나 저커버그의 눈두덩은 서양인에 비해 넓은 편이다. 그가 일찍부터 기부를 해온 것도 맑고 순수한 눈빛과 함께 넓은 눈두덩에서 나오는 베풀고 나눌 줄 아는 따뜻한 마음이 있기 때문이다. 이렇게 눈두덩이 넓은 사람은 종교를 가져도 신앙심이 깊고, 기부를 해도 통 크게 한다.

눈썹이 차분하게 누워있어서 대인관계는 원만하다. 눈썹이 옅은 사람은 조용하게 혼자서 즐기는 것을 좋아하고, 모든 일을 순리대로 풀어가는 지혜가 있다. 그의 잘 내려온 높은 코는 세계적인 재벌의 위상을 여실히 보여준다. 긴 코는 보수적인 성향이 강해서 비굴하지 않고 쉽게 타협하지도 않는다. 측면에서 보면 계단처럼 한 번 굴곡이 진 계단코에는 자신이 한 번 하고자 하는 일은 반드시 해내는 강인함이 있고, 코끝이 갈라져서 자신이 원하는 것은 꼭 이루고야 마는 근성도 있다. 콧구멍이 보이지 않아서 1%만 남기고 전 재산을 통 크게 기부했지만 일상생활에서는 돈을 함부로 쓰지 않는 검소한 사람이다.

IT업계에서 가장 옷을 못 입는 '워스트 드레서'로 꼽힐 만큼 옷에 신경을 쓰지 않는다. 중요한 공식석상은 물론이고 페이스북이 나스닥 상장을 위한 사업설명회에서 조차 후드티에 청바지 그리고 슬리퍼 차림이다. 튼실하고 높은 코에 비해 명예를 나타내는 관골이 크지 않아 누가 뭐라 하든 세상의 평가보다 자신이 만족하면 되는 사람이다. 옷차림에서 볼 수 있듯이 형식을 타파하고 실용주의를 선택하며 오로지 페이스북만 생각한다고 한다. 저커버그의 이런 경영철학은 남의 이목보다 내가 좋으면 되는 높은 코와 나지막한 관골에서 나온다. 웃을 때 살짝 내려오는 코끝 때문에 인중이 짧아 보이는데 이런 사람은 일을 미루지 않는다.

귀 가운데에 튀어나온 연골조직을 보면 창의적이고 독창적이다. 짧은 인중에서 나오는 급한 성격과 빠르게 변화해야 하는 IT산업은 절묘한 조화를 이룬다. 이렇게 상相이란 좋고 나쁘고를 보는 게 아니라 자기가 하는 일과 얼마나 맞느냐를 보는 것이다.

얼굴 폭만큼이나 두꺼운 목의 기운은 턱에서 관골을 지나 힘 있게 뻗은 코끝까지 이어졌다. 두꺼운 목은 몇날 며칠을 쉬지 않고 일해도 지치지 않는 힘과, 그가 얼마나 건강하고 자신감에 차 있는 사람인지를 보여준다. 목이 두꺼우면 가슴도 두꺼워서 배포도 크다. 야후에서 한 거액의 인수 제안과 미디어 황제 루퍼트 머독 회장의 인수 제안을 배짱 있게 거절할 수 있었던 것도 미래에 대한 자신감이 있었기 때문이다.

큰 입은 현재에 만족하지 않는 야심과 포부가 얼마나 큰 지를 말해주고, 중요한 일을 결정할 때는 얇은 입술로 냉정하게 처리한다. 자신이 원하는 일은 절대 놓치지 않고 끝까지 해내는 강한 기질은 날카로운 송곳니에 들어있고, 갈매기 입술은 어떤 논쟁에서도 지지 않는 타고난 달변가임을 알 수 있다. 그러나 활짝 웃을 때는 아직도 천진난만하고 순수한 청년의 모습이다.

저커버그의 얼굴을 그린 캐리커처를 보면 주걱턱으로 묘사되어 있다. 주걱턱을 가진 사람은 내가 최고라는 자부심이 강해서 남의 밑에서 일하기 싫어하고 누구한테도 지기 싫어한다. 반면에 일에 대한 추진력과 끝까지 해내려는 의지력으로 어떤 일도 포기하지 않는 개척정신이 뛰어나고 의식이 풍부해서 돈 걱정은 하지 않아도 된다.

그러나 마크 저커버그의 턱은 주걱턱이 아니라 제비턱이다. 주걱턱보다 더 많은 재물이 있고 따르는 부하들이 많아 늦게까지 승승장구하며 많은 복을 누릴 수 있는 최고의 턱이다.

인상학적으로 보는 마크 저커버그의 얼굴은 한 번 마음먹으면 끝까지 해내는 타고난 승부사다. 동시에 해맑은 미소와 선한 눈빛을 가져서 강함과 부드러움이 공존하는 절묘한 얼굴이다. 그러나 그가 세계적인 재벌이 될 수밖에 없는 이유는 이마의 강한 기운, 선하면서도 미래를 꿰뚫어 보는 듯한 '눈에 들어있는 에너지' 때문이다. 더 좋은 세상을 만드는데 시간을 미룰 수 없다는 이유만으로 1%만 남기고 전 재산을 기부했다. 노블레스 오블리주를 멋지게 실천하는 33세의 최연소 억만장자이고 초거부인 마크 저커버그, 그는 인상人相만큼이나 좋은 심상心相을 가지고 있다.

페이스북에 집중하기 위해 옷 입는데 신경 쓰는 시간도 아깝다는 저커버그다. 그는 후드티, 청바지, 슬리퍼 차림으로도 당당하고 자신감이 넘치는 페이스북의 젊은 CEO다. 그의 인생의 하이라이트는 언제일까? 또 어떤 모습으로 많은 사람들을 감동시킬까? 33세 청년, 마크 저커버그의 행보가 기대된다.

부자 얼굴의 특징

앞에서 소개된 부자들 외에도 투자의 귀재인 워렌 버핏, 멕시코 통신 재벌인 카를로스 슬림, 세계 제1의 부호이자 부자의 상징인 빌 게이츠, 국내의 부자들의 얼굴을 살펴보면 다음과 같은 인상학적 특징을 상당 부분 가지고 있다.

01. **귀** – 윤곽이 뚜렷하게 잘생겼다. 크고 단단한 귀가 눈썹보다 위에 있고 귓불은 두툼하다.

02. **이마** – 간을 엎어 놓은 듯이 약간 둥그스름하고 넓다. 끊어진 주름이나 흠 없이 깨끗하고, 색이 밝고 윤택하다.

03. **눈썹** – 눈보다 약간 길고 살이 약간 보일 정도의 숱에 차분하고 청수하다. 눈썹의 위치가 눈 위에서 높아서 부동산을 말하는 전택궁(눈두덩)이 넓고 두둑하며 윤택하다.

04. **인당(미간)** – 미간이 넓고 적당한 살집으로 약간 도톰하다.

05. **눈** – 가늘고 길며 새까만 눈동자, 흰자와 검은자가 분명해서 맑다. 눈빛은 광채가 나고, 선명하면서도 위엄이 있다.

06. **코** – 산근(눈과 눈 사이)이 꺼지지 않아야 한다. 살집이 있는 높고 반듯한 콧대에 아래로 내려올수록 넓고 준두(코끝)는 둥글다. 양쪽 콧방울이 탄력 있게 발달하고, 콧구멍은 보이지 않는다.

07. **광대뼈** – 뼈가 두드러지지 않고 살집이 있는 광대뼈가 코를 감싸고 있다.

08. **입** – 크고 입술색은 붉으면서 입술선이 뚜렷하고 치열이 고르다.

09. **인중** – 뚜렷한 홈과 물방울 모양으로 위보다 아래가 넓고, 식록을 말하는 인중 양쪽이 넓고 두툼하다.

10. **턱** – 둥글고 넓고 두껍다. 턱뼈가 좋아서 묵직한 느낌을 준다.

11. **피부** – 피부는 두껍고 탄력이 있다.

12. **등, 허리, 손 등**이 복스럽게 두둑하며 전체적으로도 탄력 있는 살집으로 뼈가 드러나지 않고 둥글다.

:2마당
복을 부르는 **얼굴 경영**

마음이 변해야 **운명**도 변한다

'성형으로 운명이 변하는가?'

인상학을 강의할 때마다 또는 주위에서 가장 많이 듣는 질문이다. 그런 질문에 '변할 수도 있고 아닐 수도 있다'라고 대답한다. 애매한 답이지만 상황에 따라 개인에 따라 다르다. 운명運命은 움직일 운運, 목숨 명命을 쓴다. 움직인다는 것은 곧 변할 수 있다는 말이므로, 무조건 아니라고 단정 지을 수는 없기 때문이다. 그러나 단순히 어느 특정부위만 고쳤다고 해서 운명이 변하는 것은 아니다.

성형을 원하는 사람들은 대체로 2가지 이유가 있다. 자신의 얼굴에서 놀림감이 될 정도로 큰 단점이 있거나, 사고로 인해서 얼굴이 망가진 사람이다. 이런 사람은 성형수술로 콤플렉스가 없어지기 때문에 자신감으로 성격이 밝아져 행복을 느끼고 만족한다.

또 다른 경우는 큰 문제가 없는 얼굴인데 더 예뻐지고 싶거나, 성형수술로 인상을 좋게 하여 좋은 운으로 바꾸고 싶어 하는 사람이다. 이러한 경우는 신중하게 고려해야 한다. 성형의 결과가 좋으면 심리적인 효과를 얻을 수 있지만 역효과로 후회하는 경우도 많다. 인상에서는 무엇보다 균형과 조화가 우선인데, 특정부위를 키우거나 높이면 얼굴의 균형이 깨질 수도 있다. 균형이 맞지 않으면 인상은 어색하게 보이고 운기도 떨어진다.

인구 대비 성형수술 비율이 한국인 77명 중 1명 꼴로 세계에서 가장 높은 것으로 나타났다. 이런 현실 때문인지 요즘은 성형했다는 사실을 당당하게 밝히는 사회적 분위기다. 얼굴에서는 코와 쌍꺼풀 수술이 가장 많고 그 다음이 턱 수술이다. 꼭 성형을 해야 한다면 인상학적인 관점을 고려해서 하는 것이 좋다. 성형수술로 오히려 운을 없애는 경우가 있기 때문이다. 뿐만 아니라 인상에서 나타나는 본래의 기질과 특성을 알아야 현명한 판단을 할 수 있다.

흔히 아름답다고 하는 눈은 크고 화려한 쌍꺼풀진 눈을 말한다. 이렇게 큰 눈을 원하기 때문에 성형을 하는 것이다. 하지만 성형 후에는 눈의 형태만 바꾸는 것이 아니라 눈에 들어있는 기질도 바뀔 수 있다는 사실을 고려해야 한다. 그리고 성형 후의 균형과 조화를 살펴봐야 하는 것도 매우 중요하다.

눈두덩이 넓지 않은데 쌍꺼풀을 너무 크게 했다면 당연히 눈두덩이 좁아져서 균형이 맞지 않을 뿐만 아니라 까다롭고 여유가 없어 보인다.

눈두덩의 지방을 너무 없애면 에너지가 고갈되어 힘이 없어 보이고 동양인의 얼굴에도 맞지 않는다. 인상학에서 제일 좋은 눈은 크고 동그란 눈이 아니라 옆으로 긴 눈이다. 그리고 눈두덩은 적당히 넓고 두둑해야 좋다. 2013년 〈이코노미스트〉 보도에 따르면, 코 세우기 수술이 한국에서 가장 많이 시술되는 성형수술이라고 한다. 그러나 얼굴의 중심역할을 하는 코는 더 신중해야 한다. 얼굴이 갸름한지, 평평한지, 광대뼈의 크기는 어느 정도인지 등을 전체적으로 살펴봐야 한다. 평평한 얼굴에 광대뼈는 약한데 코만 높였다면 후회의 눈물을 흘릴 수도 있다. 코의 높낮이는 광대뼈와의 조화가 중요해서 코 성형을 하려면 광대뼈가 어느 정도 발달해 있어야 한다.

토크쇼의 여왕인 오프라 윈프리의 아래가 넓은 코는 예쁜 코는 아니다. 만약 예뻐지고 싶어서 코를 뾰족하고 높은 코로 성형을 했다면 지금의 부는 이루지 못했을 것이다.

오프라 윈프리의 코

마이클 잭슨의 코

코 성형 하면 떠오르는 인물은 마이클 잭슨이다. 소년 시절의 마이클 잭슨은 준두(코끝)에 살집이 있고 콧방울도 탄력 있게 생긴 복 있는 코였다. 낮고 크기만 한 코가 마음에 안 들어 준두를 없애는 성형 수술을 하였다. 복스러운 코를 완전히 망가뜨린 후 거듭된 성형으로, 균형과 조화가 깨진 그의 얼굴은 점점 괴물처럼 변형되었다.

모 인기 여성탤런트는 코 성형으로 콧대, 콧방울, 콧구멍까지 다 부자연스럽다. 그녀는 얼마 전 양악수술까지 했으나, 모든 일들은 꼬여만 가고 인기는 급격하게 떨어졌다. 모 여가수도 잘못된 성형으로 콧방울이 없어지고, 콧구멍이 다 들리는 좁고 뾰족한 코로 변했다. 성형 전의 코는 너무나 예쁜 코였는데 말이다. 성형 후 엄마에게 너무 죄송했고 수년간 방송활동도 못했다고 한다. 코끝인 준두와 콧방울이 재백궁이라는 인상학의 기본만 알았더라면 그런 결정은 안 했을 것이다. 코뼈가 휘어진 경우가 아니라면 코 성형은 쉽게 해서는 안 된다.

양악수술은 목숨을 걸고 해야 할 만큼 가장 위험한 수술이다. 턱관절에 심각한 문제가 없다면 하지 말아야 한다. 사각턱을 가진 사람은 자신의 인생에 포기란 없다. 남다른 집념과 열정, 추진력과 지구력으로 끝까지 해내는 특징을 가지고 있다. 이렇게 좋은 장점을 버리고 예뻐지겠다는 욕심으로 위험을 무릅쓰고 턱을 깎는다면, 갸름하게 달라진 모습을 보고 만족은 할 것이다. 그러나 한때의 젊음이 지나고 탄력이 떨어지는 50대가 되면서 점점 초라해진다. 어느새 말년의 복이 턱이라는 사실을 깨닫게 되는 나이가 되었을 때, 얼마나 후회스러울까?

턱을 깎느라고 복도 깎은 셈이 되었으니 말이다. 예쁜 얼굴을 선택할지, 복 있는 얼굴을 선택할지는 전적으로 개인이 선택할 문제다.

그렇다고 외모지상주의가 판치는 세상에 살면서, 성형을 무조건 나쁘다고만 할 수는 없다. 약간의 쌍꺼풀 수술로 날카로운 눈매가 편안한 인상으로 바뀌어, 취업과 결혼에 좋게 작용한다면 당연히 성공적이다. 그러니 너무 욕심내지 말고 균형과 조화를 생각하면서 부모님이 주신 '나다운 얼굴'이 되도록 신중하게 해야 한다.

성형이 유행이 되어버린 요즘의 젊은 여성을 보면 쌍꺼풀진 큰 눈, 높고 뾰족한 코, 뾰족한 턱을 가진 갸름한 얼굴이 모두 비슷비슷하다. 오히려 외꺼풀의 긴 눈, 동글동글한 코, 둥근 턱의 얼굴이 훨씬 귀엽고 개성 있어 보인다. 아름다운 모습은 예쁜 얼굴이 아니라 적극적으로 활기차게 사는 밝은 모습이 아닐까?

성형을 반복했는데도 본래의 인상이 남아있는 경우는 왜 그럴까? 성형수술로 눈동자, 눈가, 입가의 표정을 바꾸지는 못하기 때문이다. 그 사람의 성격이나 생활방식이 바뀌지 않는 한 본래의 얼굴을 바꾸기는 어렵다. 성형 후 예뻐졌다 해서 좋은 운이 오는 것은 아니다. 만약 성형으로 인한 외모의 변화로 자신감이 넘치고 대인관계도 좋아졌으며, 자존감까지 높아졌다면 최고의 결과를 얻은 것이다. 성형을 해도 바뀌지 않는 인상이 정신상태가 바뀌면 놀라울 정도로 바뀐다. 그래서 성형으로 얼굴이 변하면 운명은 변할 수도, 아닐 수도 있다고 한 것이다.

"골상불여관상 骨相不如觀相이고, 관상불여찰색 觀相不如察色이며, 찰색불여심상 察色不如心相이다."

〈마의상법〉에 나오는 말이다. 인간의 운명을 판단하는데 '골상은 관상보다 못하고, 관상은 얼굴의 기운인 찰색보다 못하며, 찰색은 마음의 상인 심상보다 못하다'고 했다. 운명은 스스로 만들어 가는 것으로 노력을 의미하기도 한다. 성형을 하든 하지 않든 중요한 것은 마음이 변해야 인상도 변하고 운명도 변한다는 사실이다.

사람을 끌어당기는 **목소리의 비밀**

MBC스페셜 〈목소리가 인생을 바꾼다〉라는 방송에서 제작팀은 채용포털 커리어를 통해 대기업과 중소기업을 포함한 인사담당자 60명을 대상으로 설문조사를 실시한 결과, 신입사원 채용 시 응시자의 목소리가 채용결정에 영향을 미친다는 응답이 92.7%에 달해 목소리가 취업에 상당한 영향을 미치는 것으로 확인됐다. 미국 심리학과 명예교수인 앨버트 메라비언 박사의 연구에서도 인상이나 호감을 결정하는데, 목소리를 통한 청각정보가 38%나 차지한다고 한다.

인상을 좌우하고, 인생도 바꾼다는 목소리에 담긴 인상학적인 의미는 무엇일까? 〈달마상법〉에는 '모든 것을 알 수 있는 것은 목소리다', '어느 분야든 음성이 밝으면 반드시 성공하고, 밝지 않다면 이루는 것이 없다'고 목소리의 중요성이 기록되어 있다. 다른 모든 것이 좋아도 목소리가 나쁘면 완벽한 상이 되지 못한다 하여, 인상에서 마지막으로 보는 게 목소리다.

오래전 직장에서 조직을 관리할 때의 일이다. 현장 직원을 관리하는 팀장의 전화 목소리 때문에 퇴사하려는 직원을 면담한 적이 있었다. 매일 아침 가늘고 찢어질 듯한 높은 목소리의 긴 전화를 받고나면 일할 의욕이 떨어진다는 것이다. 아침마다 겪는 일을 참으라고만 할 수가 없어 팀을 바꿔주는 선에서 마무리 지었다. 아무리 의도가 좋고 내용이 좋아도 귀에 거슬린다면 무슨 소용이 있겠는가?

이처럼 사람의 목소리는 사람을 끌어당기기도 하고, 밀어내서 멀어지게도 만든다. 전화상의 목소리나 말이, 상대방의 기분을 좋게도 나쁘게도 한다는 것쯤은 경험으로 알 수 있다. 만난 적이 없는 사람과의 전화 한 통에서 그 사람에 대한 웬만한 것은 파악할 수 있다. 목소리에는 영혼이 실려 있어서 상대방의 모습과 격을 짐작할 수 있기 때문이다.

그렇다면 어떤 목소리가 좋은가? 사람의 생김새가 다 다르듯이, 목소리도 각양각색이다. 가장 좋은 소리는 울림이 있고 맑으며 윤기 나는 소리를 말하는데, 그런 소리는 목이 아니라 단전에서 나는 소리다.

미국의 예일대학 연구팀에서는 목소리에 대한 실험을 한 결과, 목소리에 실린 감성적 요소는 그 사람의 정신과 인성을 대변한다고 말했다. 진실된 감정 없이는 진실한 목소리가 나올 수 없으며 인위적으로 그렇게 만들 수도 없다는 것이다. 진심에서 우러나온 감정이 전제되어야만 사랑스럽고 매혹적인 목소리를 낼 수 있다고 보았다.

1940년대 미국인들에게 우상이 되었던 배우 험프리 보가트는 우수에 젖은 눈과 함께 매혹적인 저음으로 많은 이들에게 사랑을 받았다. 당시 미국의 청소년들은 그의 목소리를 흉내 냈으며, 방송 사회자나 아나운서까지도 험프리 보가트의 목소리를 닮고 싶어 했다.

험프리 보가트의 눈

일반적으로 사람들은 단전에서 나오는 중저음의 목소리를 들을 때 안정감을 느끼고, 적당히 억양 있는 소리에서 지적인 느낌을 받는다. 또 리드미컬하게 화음이 섞인 목소리에서 신뢰감을 느낀다. 따라서 연설이나 강연을 하는 사람이 '배우'처럼 말하면 전달력이 뛰어나다고 할 수 있다. 사람을 설득해야 하는 비지니스적인 관점에서도 이런 목소리는 아주 좋다. 하지만 강력한 카리스마가 필요한 정치가나 기업의 CEO라면 약긴 높은 듯하면서도 강한 톤에 간결하고 힘이 있어야 한다.

나폴레옹은 간결하고 강력한 말로 대중을 집중시켰고, 링컨은 취임사에서 선택된 단어들로 강력한 메시지를 전달했다. 우리나라 대통령 중에서는 박정희 전 대통령이 힘찬 목소리의 톤, 악센트가 많이 들어가는 억양, 짧고 간결한 단어 사용 등의 카리스마 있는 목소리로 강력한 지도자의 모습을 보였다. 사람을 움직이게 하는 98%는 말이기 때문에 목소리에는 강한 힘이 들어있어야 한다.

장관에 내정되었다가 1년 만에 경질된 Y장관은 평생 바다를 친구삼으며 해양연구를 한 사람이다. 대통령표창을 두 번씩이나 받을 만큼 전문적인 지식을 가지고 있다. 업무 능력도 탁월해 장관에 내정되었지만 취임하자마자부터 시작된 부적절한 발언과 태도는 심심치 않게 뉴스에 소개되었다. 그러더니 '항상 신중하고 조심해서 말해야 한다'는 교훈을 남기고 결국 1년 만에 해임되었다.

인상학에서는 언상言相이라 하여 사용하는 말도 중요하게 본다. 남성이 여성처럼 말하면 성공이 늦지만 여성 직종에 종사하면 성공하고, 여성의 목소리가 걸걸한 남성의 목소리라면 살면서 부침이 많다. 체구는 큰데 소리가 작아도 좋지 않고, 말을 씹듯이 하는 사람은 모질고 독하며 살면서 파란을 많이 겪는다. 귀한 상을 가졌어도 목소리가 탁성이면 최고가 되기 어렵다.

회사 CEO의 목소리가 좋으면 회사가 상승세를 타지만, 좋았던 CEO의 목소리가 갈라지고 약해지면서 얼굴색까지 좋지 않으면 회사의 운도 기운다. 머리 좋고 공부는 잘하는데 목소리가 약한 아이보다 공부는 조금 떨어져도 힘 있는 목소리를 내는 아이가 친구도 많고 나중에 사회생활을 더 잘한다. 수잔 보일은 영국의 TV프로그램 〈브리튼즈 갓 탤런트〉에 출연하여, 레미제라블에 나오는 'I Dream a Dream'을 불러 일약 스타가 됐다. 그녀의 부스스한 머리에 못생긴 외모, 드럼통 만한 뚱뚱한 몸매, 우스꽝스러운 몸짓에, 청중과 심사위원의 비웃음을 샀으나, 노래가 시작되자 눈이 휘둥그레지면서 그녀의 매력적인 목소리에 빠져들었다. 누가 이 중년의 수잔 보일한테서 이렇게 아름다운 목소리가 나올 거라고 예상했겠는가? 평생 시골 마을 밖으로 나와 본 적도 없는 47세의 시골뜨기가 일약 스타가 되는 순간이었다.

수잔 보일은 그날 이후로 영국에 방문한 교황 베네딕토 16세 앞에서 교황청의 초청으로 노래를 불렀고, 그녀의 앨범은 1400만 장 이상이 팔렸다. 2013년에는 영화 〈크리스마스 캔들〉에 출연하여 스크린에도 데뷔했다. 천상의 목소리 때문에 수잔 보일은 세계적인 스타가 되었다. 그리고 미국인 치과의사와 결혼까지 하는 인생 역전을 이룬 것이다. 그녀의 목소리가 수잔 보일의 인생을 180도로 바꿔 놓았다.

좋은 목소리를 내는 데는 자세도 중요하다. 목소리를 만드는 공명기관은 악기와도 같아서 구부러지면 좋은 소리를 낼 수 없다. 거울을 정면으로 보면서 자세가 바른지 최종적으로 확인해 본 다음 충분한 호흡을 하고, 아랫배에 힘을 주고 소리를 내보면 힘 있고 울림이 있는 목소리가 나온다.

오페라의 여왕으로 불렸던 마리아 칼라스는 급격한 체중 감량과 무리한 공연으로 누적된 피로가 원인이 되어 소리를 낼 수 없게 되었다. 타고난 목소리가 아무리 좋아도 과도한 스트레스와 과도한 음주, 흡연, 커피 등은 목소리를 나쁘게 하는 원인이 된다. 자신의 인상과 이미지를 살리기도 하고 죽이기도 하는 목소리 역시 철저한 관리가 중요하다.

얼굴은 평범하거나 못생겼어도 목소리가 예쁜 사람을 '목소리 미인'이라고 한다. 그런가 하면 얼굴은 미인인데 목소리가 미우면 왠지 성격도 나빠 보인다. 인상이 부족해도 목소리가 좋으면 격 있고 멋있어 보여 다시 보게 되는데, 얼굴과 마찬가지로 목소리에는 그 사람의 인격과 교양이 그대로 들어있기 때문이다. 수잔 보일처럼 목소리로 인생 역전까지는 아니어도 평소에 목소리를 잘 관리하면 중년 이후의 삶은 보장되지 않겠는가?

스스로 만드는 좋은 인상

찰스 다윈의 얼굴

레너드 주닌은 〈첫 4분간의 접촉〉에서 처음 만난 사람의 인상을 결정짓는 시간은 최초의 4분이라고 말한다. 영업사원이 고객을 상대하는 4분, 면접에서의 4분, 이성을 처음 만나는 4분 등 이렇게 4분안으로 운명이 결정된다. 4분이 짧은 것 같지만 얼굴 표정, 목소리, 태도, 눈빛 등 모든 것을 보여주기에 충분한 시간이다.

200여 년 전 찰스 다윈은 면접에서 잘생긴 코와 좋은 인상人相 때문에 해양탐사선에 승선할 수 있었고, 5년 동안 갈라파스호에서 진행한 연구는 진화론의 태동이 되었다. 또 링컨 대통령은 40세가 되면 자기 얼굴에 책임을 지라는 말로 인상의 중요성을 강조했다.

좋은 인상을 선호하는 우리나라 정서로도 인상관리는 더욱 더 중요하다. 인상이 경쟁력인 시대에 어떻게 하면 좋은 인상을 만들 수 있을까?

• 좋은 인상을 만드는 3가지 요소

　1. 얼굴색(찰색)
　2. 눈빛
　3. 웃음

좋은 인상을 좌우하는 첫 번째 요소는 '얼굴색(찰색)'이다.

인생을 살아가면서 절대적으로 중요한 순간들이 있다면 취직을 위한 면접날이나, 정치인들의 선거 전날이 아니겠는가? 결과는 그 전날의 찰색이 결정한다. 얼굴색이 좋다는 것은 오장육부에서 좋은 기운이 발현되는 것을 말한다. 초조와 불안으로 여러 날을 고민한다면 찰색이 좋을 수 없고 결과 또한 좋지 않다. 이럴 때는 진인사대천명盡人事待天命을 떠올리면서 마음을 비우면 오히려 좋아진다.

'먹고 죽은 귀신이 때깔도 좋다'는 말이 있듯이 면접이나 선거 외에도 입학시험, 승진, 소송 등에서 좋은 소식을 기다릴 때는 현재의 운기를 말해주는 얼굴색이 매우 중요하다. 남을 미워하고 비방하는 사람, 툭 하면 화를 내는 사람은 혈이 뭉쳐서 붉그스름하거나 거무스름하다. 얼굴에는 혈맥이 가장 많이 분포되어 있기 때문이다.

여성의 경우 두껍게 메이크업을 해도 두세 시간이 지나면 본래의 색이 다 올라온다. 좋은 얼굴색은 흰 피부는 우윳빛, 노란 피부는 찰밥에 조를 뿌린 것 같은 빛, 붉은 피부는 발그스름하면서 화사한 빛, 검은 피부는 구릿빛을 말한다. 근심, 걱정, 화가 있으면 좋은 얼굴색이 나올 수가 없다. 고민이 생기면 먼저 얼굴색이 어두워지고, 마음이 편하고 즐거운 일이 많으면 화사해진다. 그러므로 얼굴색을 관리하는 것은 곧 마음을 관리하는 것이다.

코가 좋으면 재물복이 좋다고 하지만 얼굴의 찰색察色이 좋지 않으면 소용이 없다. 오장육부에서 만들어져 얼굴을 통해서 나타나는 찰색은 자주 변하면서 앞일을 알려주므로 매우 중요하다. 수시로 변하는 얼굴색을 아침에 일어나자마자 살펴보는 습관은 매우 중요하다.

두 번째 요소는 '눈빛'이다.

옛 상법에는 두 눈이 빛나고 맑으면 귀인의 상이라고 했다. 눈은 정신이 머무는 집이고 돌출된 뇌이기 때문에, 눈에서 오장의 기능과 정신 상태까지 알 수 있다.

좋은 눈빛은 눈에 힘을 주는 것이 아니라 그윽한 눈빛을 말한다.

얼마 전 이혼한 모 방송인은 입은 웃고 있어도 그의 눈빛은 언제나 사나웠다. 아내에게 폭언과 폭행을 일삼으면서 대외적으로는 금슬 좋은 부부의 모습으로 위장한 충격적인 사건이었다. 견디다 못한 아내의 이혼소송으로 그의 위선이 전부 드러났다. 그런가 하면 2011년 PD상을 받은 장혁, 이수근, 박미선의 눈은 아주 맑다.

특히 박미선은 남편의 연이은 사업 실패로 어려움이 많았는데도 늘 소녀같이 밝고 순수해 보인다. 눈이 맑은 사람은 영혼도, 마음도 맑아서인지 행운이 따라주어 꾸준히 인기를 누린다. 아무리 얼굴이 잘생겨도 눈빛이 나쁘면 좋은 인상이 아니다. 꾸준한 명상과 독서는 맑고 그윽한 눈빛을 만드는데 도움이 된다.

세 번째 요소는 '웃음'이다.

피겨퀸 김연아가 국민 여동생으로 불리며 남녀노소 누구한테나 사랑을 받는 이유가 무엇일까? 피겨 스케이팅 선수로 국민들에게 기쁨을 주기도 하지만, 김연아가 더 빛나는 이유는 백만불짜리 미소 때문이다. 그녀의 환한 웃음은 보는 사람들까지 미소 짓게 만든다.

매력 없이 예쁘기 만한 얼굴이 있는가 하면, 평범해도 왠지 모르게 끌리는 얼굴이 있다. 시선을 끄는 사람들을 보면 한결같이 표정이 풍부하다. 결국 좋은 인상은 미모보다 표정인데, 표정은 살면서 습득하는 것이다. 표정 중에서 웃을 때의 표정이 상대방에게 가장 많은 호감을 준다. 매력은 겉모습이 아니라, 마음으로 웃는 환한 웃음이다.

잘생기고 차가운 인상보다 못생겨도 웃는 얼굴이 인상학적으로도 훨씬 더 좋다. 웃을 때 나오는 얼굴에너지는 그룹에 동기화로도 작용해서 얼굴표정과 얼굴에너지가 좋은 사람들이 많이 모이면 그 조직은 발전할 수밖에 없다.

얼굴표정을 연구한 심리학자 폴 에크만은 인간의 웃음 중에서 긍정적 정서가 반영된 환한 웃음을 '뒤셴의 미소Duchenne Smile : 입술 근육과 함께 눈가의 근육이 움직이며 뺨 근육이 당기어 올라가는 도저히 인위적으로는 만들어 낼 수 없는 자연스러운 미소'라 이름 지었다.

30년간 면밀하게 추적하고 연구한 결과 뒤셴의 미소를 짓는 사람들은 건강해서 병원에 가는 횟수가 적고, 결혼생활의 만족도도 높으며, 평균 소득 수준이 훨씬 높다고 한다. 환한 웃음만으로 삶의 질이 완전히 달라졌으니 '웃으면 복이 온다'는 말이 괜히 나온 게 아니다. 환하게 웃을 때 생기는 입가근육은 광대뼈와 눈꼬리의 표정을 만들어주고, 얼굴 전체의 근육은 균형 있게 움직인다. 거울을 보면서 어금니까지 보이도록 환하게 웃어 보라!

다음과 같이 얼굴의 여러 근육들이 움직이는 것을 발견하게 된다.

매사에 긍정적이고 주위의 사랑을 받으면 입꼬리가 올라가고, 자신감과 재물을 뜻하는 콧방울에 탄력이 생긴다. 안정된 직업과 따르는 사람이 많아지는 법령이 넓게 자리 잡으며, 자녀운을 말하는 눈밑살은 도톰해진다. 그러면서 눈매가 예뻐지고 편안해 보이는 것을 알 수 있다.

말년이 보장되는 볼과 턱에는 탄력이 붙고, 어느 새 탱탱해진 피부는 생동감으로 넘쳐서 한결 젊어지고 동안으로 보이지 않는가? 특히 피부의 탄력은 평생의 부를 가늠하는 중요한 요소다.

웃을 일이 많으면 탄력이 붙지만 고민이 많아서 얼굴을 찌푸리면 얼굴은 쳐진다. 이렇게 웃을 때 움직이는 근육은 성형수술보다 더 효과 있다. 웃음으로 성형을 하는 것이다. 돈 들이지 않고 좋은 얼굴로 만든다는 것은 쉬운 일은 아니므로, 지속적으로 많은 시간과 노력을 요구한다.

웃는 것이 좋다 하여 억지로 웃기보다 좋은 사람들을 만나면 자연히 웃게 된다. 행복과 성공은 만남에서 시작되는 것이다. 사람을 통해서 오는 운에는 눈이 있어서 야위고 까칠한 얼굴, 윤기 없는 얼굴, 궁상맞은 얼굴은 싫어한다. 당연히 인상이 좋으면 좋은 사람과 좋은 인연으로 이어지고, 인상이 좋은 사람과 가까이하면 어느새 내 인상도 좋아진다. 얼굴은 사람들 속에서 변하기 때문이다.

인류 최초의 유인 우주선 보스토크 1호를 타고 지구궤도를 비행하는데 성공한 유리 가가린은 러시아 비행사다. 유리 가가린이 우주 비행사로 선발된 유명한 일화가 있다. 심사를 맡았던 공학박사는 여러 후보자들 가운데서 가장 밝은 얼굴을 한 유리 가가린을 뽑았다. 그 젊은이의 웃는 모습이 너무 보기 좋아서 뽑았다고 한다. 결국 웃는 얼굴이 개인의 인생뿐만 아니라 한 분야의 역사까지 움직였으니, 웃음은 스스로 만드는 최고의 인상관리 비법이다.

당나라 때 배휴라는 유명한 정승의 이야기다. 그에게는 배탁이라는 쌍둥이 동생이 있었는데 어려서 부모를 여읜 두 형제는 외삼촌과 함께 살았다. 그러던 어느 날, 도력이 높은 한 스님께서 탁발을 나와 말했다.

"두 아이의 관상을 보더니 거지상입니다. 계속 저 두 아이를 데리고 살면, 모두가 가난해질 것입니다. 이 집이 망하기 전에 일찌감치 두 아이를 내보내는 것이 좋을 것입니다."

스님의 말을 우연히 듣게 된 형제는 구걸이라도 해야겠다고 결심했다. 자신들 때문에 외삼촌까지 망하게 할 수는 없었기 때문이다. 스님이 돌아간 뒤 배휴 형제는 끝까지 만류하는 외삼촌을 뿌리치고 집을 나와 구걸하며 살아갔다.

그러던 어느 날, 배휴는 어느 절 목욕탕에 아주 진귀한 보물이 떨어져 있는 것을 보았다. 하지만 그는 그 물건을 탐내지 않고, 보물의 임자가 오기를 기다렸다. 그 보물은 큰 죄를 지은 3대 독자를 살리기 위해 어머니가 가산을 모두 팔아서 자사에게 애걸하기 위한 것으로 애절한 사연이 있는 것이었다. 배휴는 그 보물을 팔면 평생 구걸을 안 해도 될 텐데, 기다렸다가 주인에게 찾아주었다. 그 어머니는 거지 배휴 덕분에 3대 독자를 살리게 되었다.

한참 동안 거지 생활을 하던 배휴가 어느 날 외삼촌 집에 들렀다. 마침 예전에 자신에게 거지팔자라고 했던 도인 스님도 와 계셨다. 스님은 배휴를 보더니 깜짝 놀라며 이번에는 배휴에게 이렇게 말했다.

"애야! 네가 정승이 되겠구나."

"스님께서 전에는 저를 보고 거지팔자라고 하더니 오늘은 정승이 되 겠다고 하니 무슨 말씀입니까?"

"그때는 내가 분명히 그렇게 말했었지. 하지만 예전에는 너의 얼굴의 상을 봤고, 오늘은 너의 마음의 상을 보았다. 너한테 그동안 무슨 일 이 있었지?"

"보물을 주웠는데 주인에게 돌려주어 사람을 살렸습니다."

"으흠, 역시 너에게 그런 일이 있었구나!" 하고 고개를 끄덕이었다.

세월이 흘러 어른이 된 배휴는 도인 스님의 말씀처럼 삼공三公 영의 정이 되었다.

불교에는 '준다'는 의미인 보시가 있다. 본래의 뜻은 내 것을 준다는 뜻이지만, 배휴처럼 자기 것이 없는 사람은 주은 것을 주인에게 돌려 주는 것도 보시다. 그런데 보시를 할 때는 마음가짐이 중요하다. '내가 남을 도와줬으니 복을 받겠구나'가 아니라 '원래 내 것이 아니고 남의 것이므로 주인을 찾도록 도와줘야겠구나!'하는 생각을 말한다. 배휴 는 그 이후로도 많은 덕을 쌓았고, 남몰래 덕을 닦은 배휴를 하늘이 도와 훗날 영의정이 되는 복을 받은 것이다.

"저기 저 그림 속에 그려진⋯⋯ 6년 전 예수의 모델이 바로 나였소."

이렇게 부르짖은 살인범은 레오나르도 다 빈치가 그린 '최후의 만찬' 에 나오는 모델이었다. 예수와 예수를 배신한 가롯 유다의 모델은 같은 사람이었던 것이다. '피에트로 반디네리'라는 착하고 선한 청년은 예수의 모델이 된 이후, 뒷골목 깡패로 살다가 살인범까지 되었다. 다 빈치는 너무 달라진 얼굴을 전혀 알아보지 못하고 가롯 유다의 모델로 그림을 완성했다. 다빈치는 이 충격으로 한동안 그림을 그리지 못했다고 한다.

레오나르도 다 빈치의 최후의 만찬

아주 오래된 이야기지만 '마음의 상'이 얼마나 중요한지를 설명해주고 있다. 피에트로 반디네리처럼 좋은 얼굴로 태어나는 사람도 있고, 배휴처럼 거지상으로 태어나는 사람도 있다. 그러나 평생을 살면서 열 번, 그 이상도 변하는 게 얼굴이다. 깨끗하고 선한 얼굴로 태어났지만 살인범이 된 경우도 있고, 거지팔자로 태어났어도 영의정이 된 경우도 있다.

갓 태어난 아기의 얼굴은 생김새는 다르지만 거의 같은 인상이다. 세월이 흐르고 자라면서 좋고 나쁜 기운과 환경의 영향을 받아 그 사람만의 인상이 조금씩 형성되어 간다. 좋은 얼굴로 태어난 사람일지라도 살면서 얼굴을 가꾸지 않으면 추한 인상이 되고, 비록 추한 얼굴로 태어났어도 열심히 자신을 가꾼다면 좋은 인상이 된다.

여기서 얼굴을 가꾼다는 것은 바로 마음을 가꾸는 것이다. '생긴 대로 산다', '팔자소관이다'라고 쉽게 생각한다면 인생 포기한다는 말과 다름이 없다. 얼마나 무책임하고 무서운 말인가? 생긴 대로 사는 게 진리라면 잘 살기 위해 어떤 노력도 할 필요가 없다. 선천적으로 잘 타고난 사람은 자만해서 노력하지 않을 것이고, 부족하게 태어난 사람은 자포자기할 것이다. 생긴 대로 살아야 한다면 정말 재미없고 불공평한 일이다. 좋은 인상, 나쁜 인상은 정해져 있는 것이 아니라, 온전히 자신의 노력에 의해서 인상은 변해간다.

얼마 전 TV 인간극장에서 본 울릉도에 사는 69세인 주인공은 50여 년을 바다에서 새우 잡는 어부로 살았다. 5년 전에는 암수술까지 받아서 건강하지 못한데도 항상 웃는 얼굴이다. 평생을 거친 풍랑과 맞서면서 살아온 어부의 얼굴이라고는 믿기지 않는 편안한 인상이다. 서로 아끼고 사랑하면서 돕고 사는 그의 집은 웃음이 떠나지 않는다.

그의 얼굴에서 '마음가짐'과 '마음의 상'이 훤히 보이는 듯하다.

화를 잘 내는 사람은 화낼 일만 생기고, 잘 웃는 사람은 웃을 일만 생기는 법이다. 농작물은 농부의 손길을, 발소리를 듣고 자란다.

심은 대로 거두는 것은 인상도 마찬가지여서 어떤 마음가짐으로 어떻게 사느냐에 따라 얼굴도 변하고 인생도 변한다. 그러니 얼굴 경영은 마음 경영, 인생 경영이 되는 것이다.

4장

단박에 유명인의 얼굴 읽기

하늘의 복을 받는 **마당, 이마**
대인관계의 **통로, 눈썹**

최연소 국회의원, 최다선 국회의원, 기록의 정치인, 의원 제명, 가택연금, 23일의 단식투쟁!

"닭의 모가지를 비틀어도 새벽은 오고야 만다."

"일본의 버르장머리를……."

"나를 시체로 만들어서 내보내라."

정면으로 맞서는 위엄으로 거침없이 쏟아내는 직설화법, 그의 좌우명은 '대도무문'이다. 좌우명에서 볼 수 있듯이 YS는 한번 옳다고 뜻을 세우면 거침없이 행동한다. 이런 수많은 어록들을 쏟아내며 한평생을 민주화에 몸을 던진 신념들이 그의 얼굴 어디서 나오는 것일까?

이마의 생김새로 초년의 복을 가늠하는데 역대 대통령 중 가장 이마가 잘생겼다. YS의 이마는 간을 엎어 놓은 듯 둥그스름한 모양이어서 가장 상격이고 특히 출세와 관운을 보는 관록궁이 아주 좋다. 이마의 정중앙이 약간 둥글게 솟아 있고 빛이 날 만큼 밝고 깨끗하다.

거제도에서 멸치잡이 어장을 소유한 부친 덕분에 부유하게 자라면서 돈 걱정 없이 청렴하게 정치할 수 있었다. 앞뒤 아귀가 맞아야 하는 치밀함보다 직관력을 가진 정치인이다. 이런 직관력과 통찰력은 넓고 둥근 이마에서 나온다. 최연소, 최다선 국회의원에 대통령까지 지낸 YS는 잘생긴 이마 덕분에 하늘에서 내린 복을 많이 받았다.

정면에서 보면 귀가 전혀 보이지 않을 만큼 머리에 붙어 있다. 이런 귀는 의지가 강하고 실행력은 있지만 남의 의견보다 자신의 의지를 관철하는 고집도 있다. 자기 생각대로 밀어붙여서 좋은 결과를 얻기도 하지만 괜한 고집으로 일을 그르칠 수도 있다.

40세 이전에 출세한 사람들을 보면 대개 명궁(미간)이 좋다. YS가 처음 국회의원에 당선되었을 때가 28세로 명궁의 나이에 운이 온 것이다. 뿐만 아니라 대통령까지 된 것을 보면 이마의 관록궁이 좋았지만 평생의 운을 보는 명궁도 좋았기 때문이다. 대범하고 거침없이 행동하는 한편 낙천적인 성격은 넓은 명궁에서 나온다. 이런 성격은 굴곡 많은 야당 정치인으로 살았던 YS에게는 견딜 수 있는 힘이 되었을 것이다.

뛰어난 친화력으로 상도동 주민들은 물론 누구와도 가깝게 지낼 수 있었다. 우두머리 정치인이 아니었다면 아랫사람으로 정치나 조직생활을 하기에는 쉽지 않을 만큼 명궁이 넓다. 보통의 리더들은 자기보다 똑똑한 사람은 잘 기용하지 않는다. 그러나 YS는 '이 사람이다' 하면 누구든 영입을 했다. 현재 정치권을 쥐락펴락하는 많은 정치인들은 그가 키워 준, 그를 거쳐 간 사람들이다. 넓은 명궁만큼 마음도 넓고 그릇도 크다.

눈두덩은 눈이 세로로 한 개 정도 들어가면 평균인데 3개는 들어갈 만큼 넓고 두둑해서 한 번 믿으면 끝까지 함께 간다. 이런 의리로 YS 곁에는 35년을 지켜준 영원한 비서를 비롯해 평생을 믿고 따르는 사람이 많다. 눈두덩이 넓은 사람은 조목조목 따지는 까다로움은 없지만 사람을 너무 믿어서 정확하고 꼼꼼하게 살펴야 하는 일은 놓칠 수도 있다. 한국을 방문한 클린턴 대통령과 평생 라이벌인 DJ와의 승부욕에 관련된 에피소드가 많다. YS의 타고난 승부욕과 민주화를 위한 열정은 두둑한 눈두덩에서 나온다. 정치하는 사람치고 거제도 멸치를 안 먹어 본 사람이 없을 정도로 베풀기도 잘하는 넉넉한 마음도 넓고 두툼한 눈두덩에 들어 있다.

머리는 빌려도 건강은 빌릴 수 없다던 YS의 스태미나와 건강은 두툼한 눈두덩과 볼록한 눈밑살에서 나온다. 적당한 숱의 약간 처진 눈썹은 사람 좋아 보이지만 요령 있고 본성이 강하다. 작지만 꼿꼿한 눈에는 한평생 몸을 던지면서 목숨처럼 지켰던 민주화에 대한 강한 신념이 들어있다.

정면에서 보면 훤히 보이는 큰 콧구멍은 돈에 욕심을 내고 돈을 챙기는 코가 아니다. 콧구멍이 커서 돈에 대한 욕심보다 오히려 통 크게 선심을 잘 쓰는 대장 스타일이다. 이런 청렴함으로 집권 후 일주일 만에 YS여서 할 수 있었던 '금융실명제'를 도입할 수 있었다.

반면 외환위기는 그의 40여 년 정치행적뿐만 아니라 문민정부의 최대 실책이었다. YS의 임기 중에 있었던 '금융실명제'와 '외환위기'라는 대표적인 공과功過를 인상학적으로 본다면 큰 콧구멍과 무관하지 않다. 큰 콧구멍 때문에 말실수도 많고 감정을 노골적으로 드러내기도 하지만, 굵은 콧대와 콧방울에 맺혀 있는 기운으로 자신감이 넘친다. 꼿꼿한 작은 눈과 함께 뚜렷한 법령은 그의 강한 소신과 원칙으로 정치신념을 지켜왔음을 알게 한다.

YS의 정치 인생은 전반기를 '야당 투사'로 후반기는 '대통령과 보수 정치인'으로 살았다. 정치인으로 성공하려면 강한 체력과 정신력은 기본이고 지지하고 돕는 사람이 필요한 정치판에서, 9선 국회의원과 대통령까지 된 것은 관골의 힘이고 저력이다. 다른 곳이 좋아서 관직에 올랐어도 권력을 나타내는 관골이 약하면 뻗어나가지 못하고, 선거와 같은 경합에서 이길 수 없다.

젊은 시절 정치인의 길을 말리는 아버지의 반대에도 뜻을 굽히지 않은 것은, 둥글고 탄력 있는 얼굴에서 나오는 절대 포기하지 않는 기질 때문이다. 야당 투사로 평생을 살면서도 낙천적이고 긍정적인 성격 때문에 뺨의 탄력은 빠지지 않는다.

산근(눈과 눈 사이)이 중년의 시작이라면 인중은 말년의 시작이다. 중년에 열심히 일해서 많은 것을 이루었어도 인중이 약하면 말년에 다 누리지 못한다. YS의 인중은 길이와 폭이 좋고 파인 홈도 뚜렷하다. 89세에 돌아가셨으니 장수했고 2남 3녀를 둔 다복함으로 자녀복도 좋다. 인중 부위가 넓고 두둑해서 금고 앞마당이 넉넉하지만 검소하게 살았다.

최고의 행운은 14대 대통령으로 당선된 일인데 입꼬리의 영향권에 있는 67세 때다. 강한 성공운이 있는 멋지게 올라가는 입꼬리는 노력하지 않아도 저절로 올라간다. 웬만한 사람은 숱한 난관을 겪으면 입꼬리가 처지는데 YS는 80세가 지나도 처지지 않았다.

지나치게 올라간 입꼬리를 자기만 아는 이기적인 사람으로 보기도 하지만, 힘든 정치일생에서 어금니를 깨물기보다 웃을 수 있었던 것은 민주화를 향한 열망과 긍정적인 성격 때문이다. 말실수도 많았지만 입담도, 유머도 뛰어나다.

"닭의 모가지를 비틀어도 새벽은 오고야 만다."

굽히지 않았던 신념들은 일자로 꽉 다문 입에서도 볼 수 있다. 윗니는 안 보이고 아랫니만 보이면서 연설하는 YS는 속은 보여주지 않으면서 자기주장은 강하게 어필하는 정치 고수다. 입꼬리가 올라가서 늘 웃는 얼굴이지만 두툼한 입술에서는 밀어붙이는 강한 투지가 보인다.

턱은 부하나 처덕, 자녀와의 관계를 말하므로 말년의 복주머니라고 한다. 풍성하게 생긴 턱은 온화하고 정도 많아서 모든 사람들이 다 좋아한다. 동네 주민들, 정치하며 인연을 맺은 수많은 사람들, 국민들까지 존경하며 따랐다. 청렴한 삶은 정치인들에게 모범을 보여주었고, 확고한 정치신념으로 일관했다. 여야를 가리지 않고 인재를 찾아 정치인으로 키워주고, 배신하지 않는 의리로 아랫사람들을 대했으니 그는 분명 거목巨木이다.

단식과 말실수, 특유의 발음, 조깅, 칼국수를 떠오르게 하는 소박하고 털털한 이웃집 아저씨 같은 분이었다. 축복받은 삶을 살았던 YS는 한 나라의 지도자로 손색이 없는 좋은 상을 가졌다. 신념의 정치가로 이루었던 많은 업적들과 아쉬운 부분들은 다 역사에 묻고, 영면한 김영삼 전 대통령의 파안대소하는 환한 미소가 생각난다.

강주은 – 비정상을 정상으로 돌려놓은 내조의 여왕

〈엄마가 뭐길래〉에서 '카리스마 엄마'로 인기를 끌고 있는 그녀,

카리스마의 대명사 최민수의 천적은 바로 아내, 강주은이다. 상남자 최민수 를 잡는 깡패 엄마는 '니가 내 착함 다 가져갔잖아', '맛없으면 먹지 마. 너 먹는 거 아까워!' 거침이 없다.

그녀가 요즘 대한민국 엄마들의 뜨거운 응원을 받고 있다. 남편에 대한 막말로 한국의 정서에 맞지 않는다는 비난도 있지만, 남편에게만은 깡패와 같은 카리스마로 사고뭉치 남편을 제자리로 돌려놓은 '지혜의 여신', '내조의 여왕'은 어떤 얼굴일까? 인상학으로 분석해본다.

그녀의 얼굴에서 가장 눈에 띄는 부분은 넓은 이마다. 어렸을 때 별명이 '걸어다니는 이마'였다고 할 만큼 이마가 넓다. 친구들의 놀림에 상처를 많이 받아서 항상 가리고 다녔는데 예쁜 이마라는 남편의 칭찬에 다 드러내게 되었다고 한다. 훤한 이마를 보면 두상이 전체적으로 둥글게 생겼다. 캐나다 토론토에서 한인 이민 가정의 외동딸로 태어나 화학자인 아버지와 삼성전자 캐나다 법인장인 어머니와의 사이에서 부족함 없이 자랐다.

한국에서의 결혼생활은 23살의 어린 신부가 감당하기에 너무 힘들었지만 다행히 적응력을 말하는 양이마 가장자리 주변(변지역마)이 좋아서 좌충우돌하면서도 눈치 빠르게 잘 적응할 수 있었다. 넓고 둥근 이마는 머리도 좋고 영리해서 무슨 일을 시켜도 척척 해내서인지 일복도 많다.

시어머니를 돌아가실 때까지 병 수발하며 모신 일, 툭 하면 사고 치는 남편, 직장생활과 방송일까지 일이 끊이질 않는다. 감당할 수 있는 사람한테 많은 일을 준다고 하니 좋은 일이고 감사할 일이다.

이마와 이어진 인당(미간)이 넓고 윤택하다. 사랑에 굶주린 남편의 정신적인 버팀목이자 엄마이고 친구 같은 존재가 되어준 그녀는 넓은 미간만큼이나 마음도 넓다. 사교적이고 활달한 성격이 남편과의 결혼 생활에 많은 도움이 되었다. 인당이 넓어서 복이 들어오는 대문이 활짝 열렸으니 점점 좋은 일도 많이 생길 것이다.

어머니의 좋은 태교 덕분에 심성을 보는 귀가 잘생겨서 착한 여자라는 칭찬을 많이 듣는다. 귀가 잘생긴 사람은 결혼생활에 어려움이 있어도 이혼까지 가지는 않는다. 하루가 멀다 하고 사고 치는 남편과 수없이 헤어지고 싶었겠지만, 그런 남편을 구원하는데 가장 큰 든든한 바탕은 잘생긴 귀에서 나오는 반듯한 심성이다.

대인관계, 성격, 현재의 감정 상태를 보는 곳이 눈썹이다. 그녀의 눈썹은 숱도 적당하고 차분하게 잘 누워 있다. 누구든지 그녀의 매력에 쏙 빠지게 되는데, 그 이유가 대화하다 보면 좋은 기운이 쫙 올라간다고 한다. 잘생긴 눈썹에는 실타래처럼 엉킨 문제도 얼굴 붉히지 않으면서 풀어낼 줄 아는 지혜가 들어있다. 외국인학교에서 대외협력개발 이사로 직장생활을 시작했을 때가 33세였다. 넓고 깨끗한 인당과 눈썹이 좋아서 그 시기(31~34세)에 좋은 운이 온 것이다.

남편에 대한 소문을 듣고 많은 사람들이 결혼을 반대했지만, 반대를 무릅쓰고 결혼한 것 자체도 기적이라고 말한다. 후회와 원망 대신 기적이라고 말하는 그녀를 아내로 얻은 최민수는 부모복은 없어도 아내

복은 차고도 넘쳤다.

웃을 때 눈도 같이 웃는 사람은 마음까지 웃는 사람이다. 절제하며 인터뷰하는 것을 보면 상당히 신중한데 이런 신중함은 긴 눈에서 나온다. 쌍꺼풀진 큰 눈이 화려한 삶을 추구한다면 크지 않은 눈은 소박한 삶을 추구한다. 미스코리아 출신인 그녀가 평범한 주부로 현실에 충실하면서 살 수 있는 것은 쌍꺼풀진 큰 눈이 아니기 때문이기도 하다. 마음의 창인 눈의 흰자와 검은자가 분명하고 맑아서 마음이 맑은 사람이다. 그녀는 맑은 눈으로 아내와 가정을 지키고 싶어 하는 남편의 흔들리지 않는 마음을 볼 줄 안다. 그러니 'Good Girl, Bad Boy'는 언제나 함께할 수 있고, 남편의 말과 행동, 모든 것을 이해하고 믿어준다. 남들이 다 손가락질을 해도 남편에 대한 굳건한 믿음으로 비정상을 정상으로 돌려놓았다.

그녀의 본성인 긍정적인 마인드와 힘들고 어려운 상황에서도 언제나 희망의 빛을 볼 수 있는 신실한 신앙심, 세 남자를 휘어잡고 그 많은 일들을 해내는 스태미나는 모두 넓고 두툼한 눈두덩에서 나온다. 자녀를 보는 눈밑살도 두둑해서 역시 스태미나가 좋고 자녀복도 있다.

산근(눈과 눈 사이)에서부터 길게 쭉 뻗어 내려온 잘생긴 코에서 그녀의 반듯한 위상이 나타난다. 무슨 일이든 완벽하고 반듯해야 해서 자신이 선택한 결혼에 후회가 없도록 매순간 베스트로 살았다고 한다. 캐나다에서 태어나고 자랐지만 코가 길어서 사고방식은 상당히 보수적이다. 노인폭행사건 때문에 남편이 산에서 생활했을 때는 이혼을 심각하게 생각했다. 그러나 가정을 지켜야 한다는 생각이 그 상황을 이겨내고 버티게 만들었다. 코가 둥글고 두툼해서 여유 있게 쓸 만큼의 재물이 있으나, 보이지 않는 콧구멍 때문에 쓸데없는 낭비는 하지 않는다. 콧구멍이 작아서 긴 눈과 함께 말도 행동도 조심하는 신중한 사람이다.

이제 46세로 관골(광대뼈)의 나이에 와 있다. 웃으면 동그랗게 솟는 관골은 살로 쌓여 있어서 코와 균형이 잘 맞는다. 드세 보이지 않으면서도 세상을 향한 적극성과 에너지가 충분하게 들어있는 좋은 모양의 관골이다. 그녀의 행보가 눈에 띄게 활발해지고 있다. 코와 관골이 좋아서 본격적인 중년의 시대를 열어가고 있는 것이다.

원칙과 소신을 말하는 법령이 아주 뚜렷해서 원칙주의자다. 뚜렷한 법령을 보면 외동딸로 자랐지만 어릴 때도 자기 일은 알아서 스스로 하며 자랐을 것이다. 자신은 물론 가족에게도 엄격해서 지금 〈엄마가 뭐길래〉에서 남편과 아이들을 휘두르며 군기를 잡아가는 모습 그대로다. 너무 엄격하면 자녀를 잘 키우기는 하나 나중에는 자녀와의 사이에서 외로울 수도 있다. 그녀를 필요로 하는 일들이 점점 늘어나면서 능력 있는 커리어우먼으로 성장하고 있다.

여자의 법령(팔자주름)이 뚜렷하면 생활의 안정과 커리어우먼으로 성공하지만 가장의 역할도 따른다. 입이 큰 여자는 활동적이어서 고상하고 우아하게 살기보다 사회생활을 하는 삶을 선택한다. 생활력이 강한 또순이 기질이 있기 때문이다.

얇은 윗입술과 올라간 입꼬리를 보면 야무지고 화술도 뛰어나다. 2009년부터 아리랑 TV에서 맡은 단독 MC는 인상학적으로 볼 때 잘 맞는 일이다. 욕하고 소리 지르며 전쟁하듯이 사는 것 같지만 세 남자들은 그녀를 여왕처럼 떠받들고 웃음소리가 끊이지 않는다. 이런 복은 옥수수 알맹이처럼 촘촘하게 고른 치아에서 나온다. 치아가 고르면 가정에서 대접받고 사는 복이 있으며 자신의 삶에 만족할 줄 안다.

미스코리아 출신이지만 예쁘다기보다 잘생긴 얼굴이다. 초년과 중년, 말년을 보는 삼정의 균형이 잘 맞고 인상학적으로도 아주 좋은 얼굴이다. 철없는 남편, 사고뭉치와 23년을 살면서 '최고의 아내', '최고의 인생'을 살기 위해 다짐하며 노력해 온 그녀의 얼굴은 언제나 편안하다. 마음고생은 많이 했지만 남편의 아내 사랑이 크고도 깊었기 때문에 가능했을 것이다.

좋은 얼굴은 예쁜 얼굴이 아니라 편안한 얼굴이며, 마음관리를 잘했다는 의미다. 175cm의 큰 키로 넓은 세상 마음껏 활보하며 하고 싶은 일을 멋지게 해내면서 행복한 스토리를 계속 써갈 것이다.

박병호 - 1800만 달러의 사나이

메이저리그 스카우터도 놀란 박병호의 159m 홈런, 하늘이 내려준 4번 타자 박병호 선수가 미 프로야구 미네소타트윈스와 입단 계약을 했다. 그가 맺은 계약 규모는 기대했던 수준보다 적은 편이지만 박병호는 망설임이 없었다.

"분명히 아쉽다. 하지만 에이전트의 얘기를 듣고 미국으로 왔다. 기분 좋게 사인했다."

세계적인 우수한 선수들과 경쟁하며 기량을 키우고 하루라도 빨리 큰물에서 우승하고 싶은 것이다. 2013년 목동 교주로 등극하여 이젠 이승엽-이대호의 국가대표라인을 계승하고 있는 박병호 선수는 한국에 남았다면 돈은 더 많이 벌겠지만 '돈보다 꿈'을 선택했다. 그의 야구에 대한 야망과 야구에 대한 열정을 그의 인상에서 찾아본다.

이마가 훤하게 잘생겨서인지 감독과 코치의 관심과 사랑을 많이 받았다. 이마가 좋으면 일찍 발탁되고 이른 성공으로 이어지는 경우가 많다. 그도 20세에 LG트윈스에 입단하여 가장 빨리, 좋은 성적으로 승승장구하면서 많은 기회를 얻었다. 정규 리그 MVP와 1루수 골든글러브를 수상하며 KBO리그의 대표적인 강타자로 성장하였다. 이를 주시한 많은 메이저리그 구단들이 박병호를 스카우트하기 위해 한국으로 왔는데 그때가 25~30세로 눈썹 바로 위쪽을 말한다. 그러나 이마가 좋아서 우연히 찾아온 행운만은 아니다. 눈썹뼈가 솟고 그 위에 근육이 불룩하게 붙을 만큼 야구만을 생각하며 살았다. 눈썹 위의 솟은 근육 때문에 학운을 보는 자리인 이마의 중정은 들어갔다.

고교 졸업 후 대학이 아닌 실업팀에서 선수 생활을 시작한 것은 이와 무관하지 않다. 해외운을 말하는 양쪽이마 가장자리 주변(변지역마)이 넓고 좋아서 미국에서의 선수 생활도 잘해낼 것이다.

언제나 개인의 성적보다 팀의 승리를 최우선으로 생각하고, 지금까지 많은 감독과 코치, 선후배와의 관계에서도 신의를 잘 지켜온 선수로 알려졌다. 그의 이런 의리는 두껍고 숱 많은 머리카락에서 나온다.

그의 아내는 "착한 남편이에요. 섬세하고 어떨 때는 여자보다 더 여자 마음을 잘 알아요. 항상 변함이 없고 매일매일 정말 결혼을 잘했구나"라고 생각한다며 남편 자랑이 대단하다.

'눈썹이 좋으면 귀신도 돕는다'고 말할 정도로 눈썹에서는 대인관계와 인덕을 본다. 눈에 띄게 잘생긴 눈썹 덕분에 예쁘고 내조 잘하는 아내를 얻었다. 눈보다 약간 긴 눈썹은 섬세하고 온화한 성격에 가정적이다. 눈썹이 차분하게 잘 누워있어서 대인관계도 원만하고 상대방을 배려하면서 원하는 것을 얻는 지혜가 있다. 그러면서도 눈썹산이 있는 짙은 눈썹이라 중요한 일 앞에서는 망설임 없이 단호하게 결단을 내리고, 솟은 눈썹뼈에서 저돌적으로 밀어붙이는 힘이 나온다. 이번 미네소타트윈스 입단을 망설임 없이 결정한 것도 이런 기질 때문이다. 눈썹에 해당하는 31~34세의 운기가 좋아서 최고의 전성기인 31세에 미네소타트윈스에 입단했고, 당분간 좋은 운은 계속될 것이다.

눈이 작은 사람은 감정표현을 다 하지 않고 친구를 많이 사귀지도 않는다. 세상 돌아가는 일에 호기심이나 다양한 관심보다 한 가지 일을 꾸준하게 노력해서 꿈을 이루는 사람이다. 박 선수의 손은 하루 12시간씩의 훈련으로 물집이 생기고 굳은살이 박혀 있다.

큰 눈보다 작은 눈이 인내심을 가지고 노력하는 데는 더 유리하다. 마음까지 웃는 사람이어서 웃을 때는 작은 눈이 더 작아진다. 두 눈의 크기가 다른 눈을 인상학 용어로 '음양안'이라고 한다. 속을 알 수 없어서 이중적인 성격이라는 말을 듣지만, 음양안을 가진 사람 중에는 애처가가 많다. 미간과 눈두덩이 넓으면 느긋한 성격으로 조급해하지 않는다. 그래서 성적으로 모든 것을 평가받는 운동선수의 얼굴이지만 편안해 보인다. 부부 사이를 말해주는 눈꼬리 부분의 부부궁이 좋아서, 아나운서 출신의 총명한 아내를 만났고 금슬도 좋다. 눈밑 자녀궁 자리가 두둑해서 스태미나도 좋고 자녀복이 있다.

키 185cm, 몸무게 107kg의 거구 박 선수는 큰 체격 때문에 자연스럽게 포수 마스크를 쓰게 되었다고 한다. 그는 포수의 매력은 '책임감'이라고 밝혔는데, '포수를 팀의 안방마님'이라고 부를 만큼 책임감이 막중한 포지션으로 생각한다.

야구에 대한 그의 이런 강한 책임감은 쭉 뻗어 내려온 높은 코에서 볼 수 있다. 코가 높은 만큼 자기 위상도 높고 자존심도, 책임감도 강하다. 야구뿐만 아니라 어떤 일을 하든 자존심과 책임감을 가지고 할 사람이다. 돈을 챙기는 양쪽 콧방울이 코끝인 준두에 비해 약하다. 그의 콧방울이 탄력 있게 발달했다면 미네소타트윈스와 입단 계약조건을 놓고 조금 더 유리한 조건을 위해 신경전을 벌였을지도 모른다.

본인의 몸값보다 만족할 만한 조건이 아닌데도 망설이지 않고 단숨에 사인한 것은, 하루 빨리 큰 무대에서 뛰고 싶은 야구에 대한 욕망 때문이다. 그 욕망이 두툼한 코끝에 가득 들어있고 악착같이 챙기지 않아도 재물복도 많다. 산근이 들어가서 짧아 보이는 코 때문에 순발력은 있지만 성격은 급하다.

한국에서는 그가 최초로 2년 연속 50홈런을 넘겼고, 4년 연속 홈런왕에 올랐으며 연이은 MVP 수상을 했다. 이 정도 성적이면 우쭐할만도 한데 박 선수는 언제나 겸손하다. 관골에 비해 코가 높아 보이지 않기 때문이다. 코끝이 아래로 내려와서 멋을 부릴 줄 아는 센스가 있고, 살짝 튀어나온 귀의 연골에는 은근히 남의 주목을 받고 싶어 하는 튀는 기질도 있다.

박 선수의 큰 관골은 살로 잘 쌓여져 있어서 불거져 보이지 않는다. 겉으로 드러나지 않을 뿐 은근히 밀어붙이는 힘은 굉장히 크다. 중년을 말하는 코와 관골이 좋아서 40대 중후반이 좋다. 관골이 크면 명예욕도 커서 다른 사람의 시선이나 평판에 민감하게 반응한다.

이런 사람은 늘 웃는 얼굴로 착하고 순하게 생겼어도 명예에 손상이 가면 가만 있지 않는다. 관골 아래에 있는 뺨도 탄력이 넘친다. 뺨이 좋아야 좋은 상으로 보고, 56~59세까지의 운기를 보는 자리이다. 쉽게 살이 빠지거나 탄력이 떨어지는 얼굴은 아니라 얼굴 경영만 잘한다면 은퇴 후에 어떤 일을 하든 행운은 언제나 박 선수 편이다.

입술이 도톰해서 따뜻하고 정이 많은 사람이다. 윗입술이 눈에 띄게 얇으면 화술이 좋은데 인터뷰할 때 보면 말을 잘한다. 항상 미소 짓는 얼굴이지만 활짝 웃지 않는 걸 보면 웃는 모습에서도 조용한 성격임을 알 수 있다. 치아를 다 드러내며 웃는 습관도 필요하다. 운동선수답게 잘 발달된 두툼한 턱은 건강한 체력을 말해주고 남다른 지구력과 추진력이 있다. 왕성한 활동을 하는 중년을 지나 걱정 없는 말년을 보장해주는 턱이다. 두꺼운 손과 피부에도 재물복이 들어있다.

체격은 크지만 둥근형의 얼굴에 웃는 얼굴이어서 성격은 순하고 여리다. 순하고 여린 사람은 쉽게 상처를 받는다. LG트윈스 시절, 극도로 성적이 부진했을 때 인터넷 악성 댓글로 인해 극심한 압박감에 "야구를 그만두면…… 극단적인 생각마저 했다"고 말한다. 이제는 아내의 내조로 평정심을 유지하면서 마음도 더 단단해졌고 자신감도 넘친다.

야구선수답지 않은 흰 피부와 덩치에 비해 착해 보인다. 그러면서도 어딘가 믿음직한 분위기 등이 어우러져서 여성들과 장인, 장모 연령대의 팬들에게 최고의 사윗감 1순위로 꼽히는 인기 많은 선수다.

힘이 장사인 괴력의 타자 병호 신은 한때 LG에서 기대에 못 미치는 부진한 성적으로 한때는 박병신으로 불렸다. 잘한다는 소리를 들으면 더 잘하는 선수 박따봉, 늘 성공을 꿈꾸며 야구밖에 모르지만 평범한 타자라는 박평범 등 박 선수의 별명은 셀 수 없이 많다.

잠시 손목 부상으로 부진을 겪었지만 불멸의 전설을 향한 새로운 도전을 위해 미네소타트윈스를 선택한 박병호. 그는 미네소타에서 새로운 신화를 쓰면서 더 많은 행운을 만들어 갈 것이다.

:2마당
속일 수 없는 **마음의 창, 눈**

오달수 – 명품 조연으로 누적 관객 1억 명을 돌파한 배우

1950년 한국전쟁을 지나 부산으로 피란 온 다섯 식구, 전쟁통에 부산 국제시장의 수입 잡화점 꽃분이네. 동생의 대학교 입학 등록금을 벌기 위해 이역만리 독일로 떠난 덕수, 그곳에서 만난 첫사랑이자 평생의 동반자 영자. 모두가 어려웠던 그 시절, 가난했던 옛날이 생각나 눈물 훔치며 영화를 보고 있다.

그때 난데없이 포마드 기름을 바르고 올려붙인 머리에 새빨간 가죽 재킷에 청바지를 입고 등장하는 배우 때문에 객석에서는 폭소가 터졌다. 그가 바로 '달구'로 나오는 배우 오달수다.

〈국제시장〉을 비롯해 〈변호인〉, 〈도둑들〉, 〈7번 방의 선물〉 등의 흥

행작 뒤엔 배우 오달수가 있었다. 오디션도 없이 무조건 믿고 맡긴다는 명품 조연, 한 번만 봐도 몽타주를 그릴 만큼 기억에 남는 얼굴, 그의 얼굴 어디에 천상배우의 끼가 들어있는지 얼굴여행을 떠나 본다.

로버트 드니로보다 하나 더 있는 점과 쌍꺼풀 없이 작고 가느다란 눈, 그리고 영화인들 사이에서도 그의 큰 머리는 유명하다. 처음 보는 사람은 누구나 그의 큰 머리가 눈에 들어온다. 인상을 보는 데는 균형과 조화가 가장 중요한데 그의 큰 머리는 과유불급이다. 몸으로 인상을 보는 체상에서의 머리는 초년을 뜻하는데, 머리가 너무 크면 초년에 고생을 많이 한다. 대학에 두 번 떨어진 후 인쇄소에서 아르바이트를 한 일, 삼수를 한 끝에 대학에 진학하지만 연극에 빠지면서 제적처리되어 졸업을 못한 일, 27세 때 큰 교통사고를 당한 일, 힘들고 어려운 일들의 연속이었다.

체상에서 얼굴이 초년이라면 얼굴에서는 이마가 초년이 된다. 긴 얼굴에 비해 상대적으로 이마가 약하다. 초등학교 교사였던 아버지의 박봉으로 4남매가 여유 있게 공부할 수는 없었다. 가난한 집에서 두 누나가 피아노와 성악을 전공했는데, 그런 상황에 배우의 길을 완강히 반대하는 아버지의 지원을 받기는 더 어려웠다. 열악한 이마와 큰 머리 때문에 20대 청년 시절은 이래저래 고생스런 시기였다. 왼쪽 이마에 있는 흉은 3수를 해야 했던 대학입시운에 작용을 했을 것으로 보인다. 여성의 이마처럼 머리카락이 시작되는 부분이 약간 둥근데서 어릴 때 누나를 언니라고 부르며 자란 티가 나타난다. 영화에서 보여주는 코믹한 모습과 달리 평소에는 수줍고 낯가리는 여성스런 모습이 이마에 있다.

대인관계를 말해주는 굵고 짙은 눈썹은 적당하게 잘 누워있어서 같이 출연하는 배우나 감독과의 관계가 아주 돈독하다. 관객들이 나 때문에 한번 울면 행복하고, 웃으면 더 행복하다고 말한다. 주연 자리를 욕심 내본 적도 없고 오히려 주연을 빛나게 해주는 게 조연이라고 말하는 사람이다. 이런 마음은 한결같아서 사람들과의 갈등은커녕 갈등이 있어도 웃으면서 먼저 손을 내민다. 그런 지혜가 차분하게 잘 누운 좋은 눈썹에 들어있다.

눈썹 근육을 조금만 움직여도 짙은 눈썹에 각이 진다. 보통 때는 부드럽지만 뭔가 의견을 내거나 결단이 필요할 때는 확실하게 밀어붙이는 기질이 있을 것이다. 미간이 넓어서 마음씨 좋아 보이지만, 너무 넓은 미간 때문에 옛날에는 밥 먹고 살기 어렵다고 했다. 낙천적이고 느긋한 성격은 계획성 있고 매이는 일은 맞지 않아서 일자리 구하기가 어려웠기 때문이다.

지금처럼 개성과 창의력을 살리면서 일할 때 일하고 쉴 때 쉴 수 있는 배우라는 직업이 잘 맞는다. 작은 표정에도 생기는 미간의 굵은 주름은 고뇌하며 살았고, 표정 연기하느라고 생겼을 것이다. 습관적으로 인상을 쓰거나 완고한 사람한테 더 잘 생기는 미간의 굵은 주름은 날카롭고 고집스럽게 보이고 운기에도 좋지 않다.

오달수의 오늘이 있게 한 건 작고 가느다란 눈인데, 가장 특징적인 곳이다. 눈이 작아서 감정을 솔직하게 표현하기보다 속으로 삭히는 편이고, 연기를 하지 않을 때는 말이 없고 낯을 가리는 조용한 성격이다. 생각하며 말을 하라는 뜻의 '말을 더듬어라'라는 가훈 때문에 어릴 때부터 내뱉는 말에 매우 신중하게 되었다고 한다.

21세에 시작한 연극배우의 길을 걸어오면서 극심한 생활고로 부인과 이별하는 아픔을 겪었다. 그런 아픔을 가슴에 품고 끝없이 자기와 싸우면서 그저 앞만 보고 걸어왔다. 배우생활 26년 동안 노숙자가 될지언정 배우 말고는 다른 삶을 생각하지 않았다고 한다. 이런 흔들리지 않는 굳은 심지가 그의 작은 눈 속에 꼿꼿하고 견고하게 들어있다. 자신이 정하고 자신과의 약속한 길을 향하여 말없이 묵묵하게 전진할 수 있는 인내심도 작은 눈에 들어있다.

눈이 작은 사람은 돈도 함부로 쓰지 않는다. 눈은 35~40세까지의 운을 보여준다. 가난한 연극배우로 시작해서 16년 만에 처음으로 영화 〈올드보이〉에 출연한 것도 눈의 나이인 37세였다. 드디어 그에게도 행운이 온 것이다. 웃을 때 보이는 눈가의 굵고 짙은 주름에서 결혼생활이 편치 않았음을 알 수 있다. 눈두덩이 넓어서 사람이든, 일이든 때가 될 때까지 기다릴 줄 알고 주변을 살피는 배려심이 있다. 눈두덩과 함께 눈밑살이 볼록하게 솟아서 1년에 3~4편씩 영화촬영으로 강행군을 해도 끄떡없는 스태미나도 있다.

작은 눈이 오늘의 오달수를 있게 했다면 코와 관골에서는 '천만요정'이라는 별명을 얻었고 1억 관객을 돌파하는 기록을 세웠다. 코와 관골의 나이인 40대 중년의 시기에 그동안 갈고 닦은 노력과 함께 운도 활짝 열린다. 특히 46~48세까지 최근 3년 동안 〈7번 방의 선물〉, 〈변호인〉, 〈암살〉, 〈국제시장〉, 〈베테랑〉에 출연하면서 화려한 중년을 마무리하고 있다. 두껍고 탄력 있는 코의 기운이 뺨과 인중으로 내려가면서 다가오는 50대에도 계속 승승장구할 것으로 보인다.

콧구멍이 작아서 융통성은 없지만 실수하지 않으려고 조심스럽게 행동한다. 적당하게 뚜렷한 법령은 그만의 '연기학개론'이 있을 만큼, 연기자로서의 뚜렷한 원칙과 소신을 가지고 있다. 이런 노력과 운으로 '충무로의 미친 존재감'이 되어 '오달수'라는 배우의 진가를 발휘하고 있다.

중년이 아무리 좋아도 인중이 약하면 말년의 삶도 어려워질 수 있는데 인중이 잘생겼다. 넓은 법령 안에 있는 인중부위(식록궁)가 두툼해서 돈 주머니는 항상 넉넉하고, 51~54세까지도 좋은 운이 기다리고 있다. 코밑 수염이 짙어서 하고 싶은 일을 늦게까지 할 수 있는 것도 요즘에는 가장 큰 복이다. 미간이 넓고 인중까지 길어서 웬만한 일로 스트레스 받는 성격이 아니다.

얼굴에 있는 대부분의 점은 90% 이상이 부정적이다. 복점이니 좋은 점이니 하지만 깨끗한 얼굴이 제일 좋다. 그러나 다행스럽게도 그의 코 밑의 점은 창고를 지키는 충견이 되어 재물을 막아주는 것으로 해석한다. 관골 위의 또 하나의 점은 다시 살아나는 점이어서 그냥 두는 게 좋다. 점의 의미를 굳이 설명하자면 주변 사람들의 시기와 질투가 있음을 말하는데 그 또한 인기가 많아서 겪는 일이니 무시해도 좋다.

지금의 그가 있기까지 숱한 어려움을 이겨낸 지구력은 각진 턱에 있고, 말년의 복주머니인 턱이 좋아서 따르는 후배도 많으며 늦은 나이까지 즐겁게 일할 수 있다. 그야말로 최고의 노후를 보장 받은 셈이다.

작품, 상대 배우, 관객에게 나를 바치면 아까울 게 하나도 없다는 배우, 연기 안 했으면 노숙자가 됐을 것이라며 뼛속까지 연기를 사랑하는 배우, 주연을 빛나게 해주는 역할이 조연이라는 그는, 마음 그릇이 커서 심상心相도 좋은 사람이다. 얼굴도 이름도 투박하고 촌스럽지만 복도 많고, 보면 볼수록 매력도 인간성도 좋은 배우다. 명품배우 오달수, 그의 관객 스코어는 지금도 카운트되고 있다.

강호동 – 유강 시대를 이끌었던 버라이어티계의 대표주자

유재석, 이경규와 함께 연예대상 그랜드슬램을 달성한 예능인, 비방송인에서 방송인으로 변신한 가장 대표적인 성공 케이스, 캐릭터가 뚜렷해 극명하게 호불호가 명확하게 갈리는 MC가 바로 강호동이다.

그가 모래판을 떠난 1년 후 세상을 다시 한 번 놀라게 한다. 씨름선수가 연예계에 데뷔한 것은 한국 방송사상 최초다. 강한 승부 근성은 브라운관에서도 그대로 발휘되어 모래판 못지않게 험난한 방송계에서 명실상부한 '강호동 시대'를 열었다. 〈무릎팍도사〉, 〈1박 2일〉, 〈스타킹〉 등으로 최고의 자리에 있었던 그는 2013년 잠정적 은퇴를 선언한다. 강하고 마초적인 형님 강호동의 롤러코스터 같은 인생 그리고 인상을 탐구한다.

전체적으로 넓은 그의 얼굴은 이마는 좁고 볼 아래부터 턱에 살이 많아 아래는 더 불룩하다. 이런 얼굴은 초년에는 고생하지만 나이를 먹으면서 성격도 원만해지고 재물도 더 쌓이는 안정된 생활을 한다. 좁은 이마는 머리 쓰는 공부보다 몸을 쓰는 운동이 더 잘 맞는 것을 미리 알았는지, 어릴 때부터 식성이 좋고 몸도 좋아 부모님의 권유로 씨름선수가 되었다. 울퉁불퉁한 좁은 이마에는 선수 시절에 소문난 껄렁패였던 일, 대형 교통사고로 고생했던 일 등이 고스란히 들어있다. 익살스런 표정과 괴성을 지르며 18세부터 씨름판에서 관중을 몰고 다닌 걸 보면 그때부터 넘치는 끼와 예능감이 있었다.

천하장사로 한참 잘나갈 때인 22살에 과감하게 은퇴하고 1년 후인 23세에 개그맨에 데뷔한다. 눈썹 위에서 미간 위까지 넓게 솟은 근육은 살아남기 위해 무던히 애쓰며 고생한 흔적이다. 그때가 20대 후반인데 씨름선수에서 개그맨으로 자리 잡는 변화의 시기였다.

헤어스타일로도 성격을 알 수 있는데, 20년을 넘게 유지하고 있다는 짧은 스포츠머리는 개성도 자신감도 넘친다. 올백의 머리는 올 테면 오고, 해볼 테면 해보라며 누구든 상대해 주겠다는 사인이다.

표준보다(손가락 두 개) 아주 널찍한 미간을 가진 사람은 자유분방한 기질 때문에 한 곳에 매여서 간섭받는 생활을 싫어한다. 그가 씨름선수에서 주체할 수 없는 끼를 발휘하는 연예인으로 변신한 이유다. 약간 짧은 눈썹은 개그맨에 필요한 끼와 순간순간의 재치를 보여준다.

연예계에 입문하여 빛을 발한 시기는 눈에 해당하는 37세 이후이다. MBC방송대상 우수상을 시작으로 37세에 SBS연예대상, 39세에 KBS 2년 연속 연기대상을 받았다. 방송계에서도 강호동의 시대로 평정했는데 그때가 눈의 나이(35~40세)에 찾아온 행운이었다.

작지만 영리하고 날카로운 눈매는 순간 낚아채는 매의 눈이 된다. 가장 돋보이는 작고 매서운 눈에는 대단한 근성과 카리스마가 들어있다. 샅바를 잡았던 모래판에서는 상대선수를 일시에 제압하더니 〈무릎팍도사〉에서는 초대한 출연자를 어느새 무장 해제시켜 놓는다. 강력하고 직설적인 돌직구로 밝히고 싶지 않은 사생활을 털어놓게 만든다. 이런 능력은 짧은 눈썹과 함께 눈과 눈 사이가 좁아서 나오는 순발력과 순간을 포착하는 예리한 눈매에서 나온다. 그래서인지 언제나 강한 기운과 긍정의 힘이 느껴진다.

웃을 때 눈꼬리에 생기는 긴 주름은 살면서 생기는 것이고 눈의 길이로 본다. 눈이 긴 사람은 눈앞의 이익만 보지 않는다. 씨름선수로 한동안 돈과 명예를 보장받을 수 있는 정상에 올랐지만 미련 없이 연예계에 입문한 것도 인생을 멀리 내다봤기 때문이다. 모래판만큼이나 험난한 방송계에서 예능판을 쥐락펴락하는 예능계의 1인자인 그는 '마이다스 손'이다. 눈밑의 살과 눈두덩이 두둑해서 오랜 시간 촬영하고 방송해도 지치지 않는 스태미너가 있고, 넓은 눈두덩은 무슨 말을 해도 다 들어주고 이해해 줄 것 같은 믿음과 여유가 보인다.

데뷔해서 11년을 탄탄대로로 급성장하더니 뜻밖의 탈세사건이 터져 비난이 쏟아졌다. 수많은 일들이 한꺼번에 터지는 게 신기할 정도다. 오르는 인기만큼 안티도 급속도로 늘어났다. 언론은 무자비한 마녀사냥으로 '강호동 죽이기'에 나섰다. 그때가 산근(눈과 눈 사이)의 나이인 42세로 초년에서 중년으로 넘어갈 때의 운기를 보는 시기다. 미간의 솟은 근육으로 더 굴곡진 산근 때문에 변화의 시기인 중년을 힘들게 시작한다. 좋은 눈의 운기 덕분에 최고의 영광을 누렸으니 다음의 도약을 위하여 숨 고르는 기회로 삼으면 되겠다.

2013년 재기했으나 1년 전의 인기를 회복하지 못하고 있다. 1년이지만 트렌드도, 환경도 변했고 시청자들의 요구도 달라졌다. 산근이 들어가서 코가 짧아 보인다. 코가 짧으면 순발력이 좋아서 새로운 요구에 쉽게 적응할 수 있고 그만한 능력도 충분하다. 몸은 크지만 민첩하고 개그맨한테 있어야 할 유머감각은 바로 이 짧은 코에서 나온다.

선수 시절보다 코끝이 많이 내려왔다. 그의 코는 코끝이 약간 뾰족하면서도 둥글고 아래로 향해 있다. 사람의 마음을 꿰뚫고 일의 핵심도 정확하게 파악하는 능력은 바로 아래로 향한 코에서 나온다. '육칠팔'이라는 프랜차이즈 사업이 해외로 뻗어나가며 번창하는 걸 보면 사업 수완도 있다. 탄력 있는 콧방울은 기다릴 때와 밀어붙일 때를 정확하게 알고 공격과 수비에 능해서 금고에 돈은 끊임없이 쌓인다. 관골에 비해 높지 않은 코는 겸손하고 인간적인 모습을 보여준다.

관골(광대뼈)이 아주 크고 벽돌처럼 단단하다. 〈무릎팍도사〉에서 어떤 유명인들이 나와도 주눅 들지 않는 특유의 뚝심과 형님 같은 리더십, 역동적으로 진행할 수 있는 강한 힘은 모두 크고 단단한 관골에서 나온다. 살로 잘 싸여져 있어서 불거져 보이지 않는 관골은 드러나지 않았을 뿐 밀어붙이는 힘이 강한 독주형이다.

금년이 47세, 관골의 나이에 와 있다. 역시 관골이 좋아서 휴식기 전의 인기를 만회하고 있다. 〈신서유기〉, 〈아는 형님〉 등 재기에 성공하면서 예전의 탄력이 다시 돌아왔다. 평생의 부를 보는 피부도 탄력이 넘친다. 긍정적이고 많이 웃으면서 즐겁게 살아왔다는 증거다. 얼굴 피부가 두꺼우면 '낯짝이 두껍다 또는 뻔뻔하다'고 한다. 어쩌면 뻔뻔하리만치 두꺼운 피부 때문에 연예계에서 살아남을 수 있었는지도 모른다.

옛날에는 귓불이 없는 칼귀는 좋게 보지 않았으나, 현대에는 순발력과 창조성이 뛰어난 사람이 환영받는 시대이고, 일을 미루지 않고 신속하게 처리해서 좋게 보기도 한다. 이렇게 시대에 따라 상은 다른 게 본다. 뺨에 살이 붙으면서 귓불도 점점 도톰해져 급한 성격도 느긋해지고 더 두껍게 붙으면 아랫사람에게 더 많이 베풀게 된다.

살짝 내려온 코끝 때문에 인중이 조금 짧아 보여서 성격이 급해지고 말도 빨라진다. 의도적으로 말을 천천히 하면 성격도 조금 느긋해진다. 큰 얼굴에 비해 눈, 코, 입이 작아서 꼼꼼하고 소심한 면도 있다. 호탕하게 웃을 때 보이는 가지런한 치아는 자신의 삶에 만족하고 의리도 있음을 보여준다. 얼굴 아래가 불룩하게 생긴 넓은 턱은 노후를 지켜주기에 충분한 말년의 복주머니다. 초년보다 중년이, 중년보다 말년이 더 좋은 얼굴이다. 돈도 가족의 사랑도 노후를 함께할 좋은 사람들이 많아서 행복한 노후를 기대해도 좋다.

그러나 턱이 워낙 좋다보니 입꼬리가 처지거나 웃는 얼굴이 아니면 심술 있고 화난 사람처럼 보인다. 만약 살이 빠지고 탄력이 떨어져서 불룩한 턱이 風자형으로 바뀌면 욕심만 부리는 고집불통이 된다. 좋은 운은 좋은 얼굴을 찾아다니는 법이다. 일부러 웃지 않아도 웃는 얼굴이 되려면 치아가 다 보이도록 자주 웃어야 한다. 좋은 인상을 만드는 최고의 방법은 많이 웃는 것이다.

최경주 - 한국 골프의 개척자, 코리안 탱크

아시아 선수로는 메이저대회에 최다승인 8승을 거두며 현존하는 프로골프선수 중 한국 최고의 선수. 2016년, 코리언 탱크 최경주 선수의 부활에 관심이 쏟아졌다. 9번째 우승에 도전했으나 1타 차이로 안타깝게 준우승에 머물었지만 '탱크'의 건재함을 알리며 힘차게 부활의 신호탄을 쏘았다. 타이거 우즈를 '신이 선택한 골프 선수'라면, 최경주 선수는 '신을 감동시킨 선수'라고 한다. 입지전적 인간 승리를 이룬 최경주 선수의 성공신화를 인상학으로 풀어 본다.

인상학에서는 얼굴만 보는 게 아니다. 다부진 체구와 검은 피부 때문에 '필드의 타이슨' 또는 '블랙 탱크'로 불려진다. 초등학교 때부터 각종 운동과 역도를 한 경험은 국제무대에서 체격 좋은 서양선수들과 비교해도 빠지지 않는 기본체력을 다져 놓았다.

고등학교 1학년 때 그의 다부진 체격에 감탄한 체육 선생님의 권유로 골프채를 잡게 되었다. 검은 피부에서 나오는 지구력과 지칠 줄 모르는 강인한 체력, 안정된 플레이를 할 수 있는 통나무 같은 튼튼한 하체까지 갖추었다. 그의 몸은 골프를 하기에 가장 최적의 신체조건을 타고난 셈이다. 팔이 길어서 들어 올릴 때 뒤로 넘어지는 불리한 체형 때문에 역도를 포기했다. 그러나 인상학에서는 팔이 길면 판서 이상의 벼슬을 한다고 했으니 이 또한 얼마나 행운인가?

최 선수의 이마는 나쁘지는 않지만 조상의 음덕을 받을 정도는 아니다. 어린 시절부터 어려운 환경에서 자랐고, 늦은 나이인 30세가 넘어서야 세계적인 스타가 된 것도 이와 무관하지 않다. 최 선수는 골프연습장에서 굴러다니는 테이프를 보면서 독학으로 골프를 배웠다. 남들처럼 좋은 환경에서 골프를 할 수 없는 대신 노력하는 이마를 타고났다.

말도 통하지 않는 미국에서 생각보다 빨리 PGA투어에서 우승을 할 수 있었다. 적응력을 보는 양쪽 이마의 가장자리 주변(변지역마)이 발달해서 미국에서의 적응을 잘했기 때문이다. 그의 이마에는 스스로 성공하는 사람에게 나타나는 한 줄 주름(인문)이 점점 뚜렷해지고 있다. 타고난 성품과 14세까지의 유년 시절을 보는 귀가 잘생겼다. 가난하지만 가정교육을 잘 받았고 심성이 좋은 사람이다. 두툼한 귓불은 모든 일을 계획성 있게 하기 때문에 골프선수가 아닌 조직 생활을 했어도 잘했을 것이다.

눈썹 위에 불룩하게 근육이 솟았고 미간에는 두개의 굵은 주름이 있다. 그가 골프선수로 성공하기 위해 얼마나 치열하게 살아왔는지 알 수 있다. 대인관계와 인덕을 보는 눈썹이 좋아서 지금의 최 선수가 있기까지 많은 사람들의 도움을 받았다. 골프에 대한 노력과 재능이 남다르고 바른 인간성 때문에 어디를 가나 도움의 손길이 이어졌다. 거침없는 게임으로 '탱크'로 불리지만 눈썹이 차분해서 때를 기다릴 줄 아는 지혜가 있고 정서적으로 안정되어 있다.

최 선수의 얼굴에서 키포인트를 찾으라면 당연히 '호크 아이(매눈)'라 불리는 눈이다. 매서운 눈빛, 날카로운 눈 앞머리와 눈꼬리, 갈색 눈동자, 하삼백안, 긴 눈에서 오는 기질이 오늘의 최경주 선수를 있게 했다. 결혼 허락을 받을 때나 골프선수로서 중요한 결정이 있을 때마다 그의 살아있는 눈빛 때문에 좋은 기회를 얻을 수 있었다. 눈 앞머리가 날카로우면 예리한 관찰력과 배운 것을 습득하는 능력이 탁월하다.

하삼백안으로 그린 위의 홀컵을 겨냥하며 공을 바라볼 때는 목표에 대한 강한 집념으로 무섭게 집중한다. 자기 일을 철저하게 해내는 기질은 갈색 눈동자에 들어있다. 눈에 들어있는 이런 기질은 코오롱 한국 오픈에서의 우승을 시작으로 하와이 소니 오픈까지 10여 년 동안 최고의 기량을 보여줄 수 있었다. 한국오픈에서 PGA 2회 연속 우승 등, 우승의 기염을 토해낸 때가 모두 눈의 나이에 해당하는 35~40 때다. 재단을 설립해서 나눔의 삶을 살고 있는데 이런 원대한 계획은 그의 긴 눈에서 나온 것이다. 눈두덩이 넓어 스폰사와도 끝까지 가는 의리의 사나이고 신앙심도 아주 깊다.

콧대는 잘 서있지만 산근(눈과 눈 사이)이 들어갔고 콧방울이 약한 편이다. 한참 잘나가다가 주춤했을 때가 산근의 운기를 보는 40대 초반으로 인생에서 새로운 변화가 시작될 때다. 44세에 8번째 PGA투어에서 우승하고 좀처럼 회복의 기미를 보이지 않다가, 2016년 2월 5년여 만에 준우승을 하며 예전의 성적으로 돌아오는 중이다. 전체적인 코는 두껍지만 콧방울이 약해서 돈을 굴리고 축적하기보다 어려운 사람들을 돕는 일에 더 앞장선다. 콧구멍이 보이지 않아서 매사에 실수하지 않으려 조심하고 근검절약하는 사람이다.

최 선수는 골프 장갑이 그립에 붙어서 떨어지지 않을 때까지 볼을 때리는 연습벌레다. 지치지 않는 체력은 눈꼬리 아래까지 이어지는 큰 광대뼈에서 나온다. 큰 광대뼈에서 나오는 강철체력은 PGA 우승을 거머쥘 수 있는 힘의 원천이 되었다. 자존심과 명예를 소중하게 생각하기 때문에 '최경주 재단' 같은 자신의 이름을 드러내는 사업을 선호한다. 많은 일을 벌이면서 해야 할 일을 계속 찾는 것도 큰 광대뼈에서 나오는 충분한 에너지가 있기 때문이다.

웃을 때 입가에 생기는 법령이 짙지도 옅지도 않고 적당하다. 법령이 적당해서 지킬 건 지키면서 운동도 생활도 즐겁게 한다. 51세부터 새로운 변화를 기대해도 좋을 만큼 인중이 좋다. 널찍한 법령 안에 있는 인중자리의 짙은 수염자국은 시니어선수나 다른 일로 은퇴 없이 활동할 수 있음을 말해 준다. 최 선수의 입은 다물 때와 웃을 때의 입모양과 크기가 아주 다르다. 꽉 다물고 있을 때는 한 일ㅡ자를 그은 듯 작고 얇은 입술이 되고, 웃을 때의 입은 아주 크다. 다물 때는 작고, 말하거나 웃을 때 커지는 입을 인상학에서는 좋은 입으로 본다. 입술이 얇아서 매우 치밀하고 냉철하다. 올라간 입꼬리에 입술선이 뚜렷해서 조리 있게 말도 잘하고 맺고 끊는 게 정확하다. 입술선이 뚜렷하고 입도 커서 60대의 운기도 좋을 것이다.

'끝없는 노력이 자신감을 가져온다는 것을 믿는다'는 최 선수의 턱은 양옆인 시골(윗턱)이 발달해서 의지와 지구력이 아주 강하다. 어릴 때는 논두렁에서도 연습했고, 골프장 연습생 시절에는 손님이 없는 시간에 틈만 나면 연습을 했다. 우승 후에도 3000번 이상의 스윙으로 인해 발톱이 살을 파고 들어가 발톱을 뽑아버릴 정도로 연습에 몰두

할 수 있는 이유도 다 이 턱라인에 있다. 체계적인 골프 교육을 전혀 받지 못한 완도 출신 '촌놈' 최경주가 성공할 수 있었던 비결은 오직 지독한 노력뿐이었다. 철저한 자기관리와 모든 어려움을 이겨내는 지구력은 강인하게 생긴 턱에서 나온다. 파머스 인슈어런스 오픈에서 비록 준우승으로 아쉬웠지만 자녀들한테 아빠에게 드리는 최고의 상인 가족 트로피를 받았다. 자녀들은 타이거 우즈보다 아빠의 실력을 단연 최고로 인정한다고 한다. 턱은 말년의 운과 아랫사람의 복을 나타내는 곳이다. 선수생활을 오래 할 수 있는 스포츠가 골프인 만큼 잘할 수 있고, 좋아하는 골프를 늦게까지 할 수 있는 것도 얼마나 큰 축복인가?

측면에서 보는 최 선수의 얼굴은 날카로운 눈매, 눈꼬리까지 올라붙은 광대뼈, 발달된 턱으로 승리에 대한 투지와 승부욕에 불타는 모습이다. 이렇게 생긴 얼굴은 승부사의 기질을 가지고 있어서 무슨 일을 해도 절대로 지지 않는다. '정직과 성실'이라는 골프 좌우명으로 선수생활을 하다 보니 어느덧 49세가 되었다. 불혹의 나이를 지나 내년이면 지천명인 50대에 들어선다. 스태미나를 말하는 와잠(눈밑살)의 탄력이 예전보다 조금 떨어졌다. 건강해야 좋은 상을 유지할 수 있고 좋은 운이 함께 따라오는 것이다. 골프선수로의 노력, 모범적인 생활, 주위에 베풀고 나누는 삶은 많은 사람들에게 감동을 주고 있고, 젊은이들에게는 인생의 롤모델이 되고 있다. 그의 삶 자체가 감동스토리인 최경주 선수, 앞으로의 인생이야기가 궁금하다.

:3마당
재물이 쌓이는 **금고, 코**
명예가 소중한 **광대뼈**

신성일 – 영원한 자유인, 영원한 로맨티스트

한국의 제임스 딘, 한국의 알랭 들롱으로 회자된 배우, 〈별들의 고향〉, 〈겨울여자〉, 〈맨발의 청춘〉 등으로 전무후무한 흥행기록을 세운 남자 주인공, 한 해에만 65편의 영화를 찍으며 지금으로선 상상하기 어려운 한국 영화사의 전설, 젊은이들의 우상이었던 그가 2011년 출간한 〈청춘은 맨발이다〉에서 불륜의 과거사를 숨기지 않고 공개하여 사회적 파장을 일으켰다.

마치 '바람'을 '사랑'으로 포장해서 불륜을 정당화시켜 비난과 분노를 들끓게 했던 '자유분방한 바람둥이', '주책바가지', '몹쓸 자서전'이란 폭풍 비난을 받은 이 시대 최고의 배우, 맨발의 청춘 신성일의 파란만장한 인생과 인상이 사뭇 궁금해진다.

잘생긴 이마가 그의 인물을 더 훤하게 해준다. 둥글고 넓은 이마는 고등학교 때 집안이 기울기는 했어도 할머니와 어머니의 사랑을 많이 받았다. 좋은 머리와 재능을 물려받았고 지적인 면도 많이 가졌다. 우연한 기회에 배우로 진로를 바꿨지만 명문인 경북고등학교에서 법조인이 되기 위해 서울대를 가려고 했을 만큼 공부를 잘했다고 한다. 공부의 길로 성공하지는 못했어도, 이마가 좋았기 때문에 20대 때 이미 미남배우로 한국영화의 상징이 될 만큼 인기를 얻으며 성공을 했다. 큰 눈과 눈동자, 돌출된 눈은 그를 공부보다 배우가 되게 만들었다. 돌출된 큰 눈에는 풍부한 감정과 표현력 그리고 예술적인 감각이 있기 때문이다.

출안은 하고 싶은 말이나 행동을 참지 못해서 이따금씩 돌출행동으로 주위를 놀라게 하는데, 결국은 불륜의 과거사를 여과 없이 만천하에 공개하고 말았다. 눈이 큰 그는 감추는 게 없을 만큼 솔직해서 손해 보는 일도 많았을 것이다. 시원시원한 외모와 큰 키, 탄탄한 몸매, 강렬한 눈빛에서 나오는 반항아 이미지는 깡패 같은 거친 악역을 맡아도 잘 어울렸지만 귀공자처럼 잘생긴 얼굴 때문에 주로 멜로 영화를 많이 했다. 눈두덩이와 와잠(눈밑살)은 아직도 탄력이 있어서 80세인데도 건강은 젊은이 못지않다.

적당한 숱에 눈썹이 차분하다. 이런 눈썹은 대인관계가 좋아서 지나가던 귀신도 도와준다고 할 만큼 인맥관리를 잘한다. 구속되었을 때와 영천에 있는 집 '성일가'를 지을 때 많은 지인들이 도와주었다. 사람들이 모르는 인간적인 매력이 많은 사람임을 알 수 있다. 둥근 아치형의 눈썹 때문인지 그는 늘 로맨틱한 사랑을 갈구한다. 큰 눈과 함께 예술적인 기질과 명성 그리고 인기는 그의 눈썹에서도 나온다. 머리카락이나 눈썹털이 부드러워서 융통성과 유연함은 있지만 아직도 머리카락에 윤기가 나는 것을 보면 변함없는 권위를 누리고 산다.

미간에 수직으로 뻗은 굵은 주름은 배우로 정치가로 살면서 고뇌하며 애쓰고 살았음과 성격이 예민함을 보여준다. 미간은 손가락 2개의 넓이가 적당한데 3~4개는 들어갈 만큼 넓고 광활하다. 잘생기지 않았으면 뭘 했을 거냐는 기자의 질문에 '검사'가 됐을 거라고 한다. 미간이 너무 넓은 사람은 자유롭게 살아야지 한 곳에 매이는 일은 못한다. 기자가 인터뷰하는 동안 사랑했던 감독에 대해 이야기할 때는 들뜨고, 함께 공연한 여배우 이야기를 할 때는 눈빛이 반짝거린다는 호탕한 그는 천상 배우다.

천상 배우가 정치를 했으니 탈이 난 것이다. 미간이 넓어서 뭇여성과 파격적인 사랑도 할 수 있었고 예측불허의 행동도 하는 것이다. 백발에 곱슬거리는 웨이브진 베토벤 머리를 하고 청바지를 즐겨 입는 그는 넓은 미간만큼이나 몸과 마음은 아직도 자유로운 영혼이다.

산근(눈과 눈 사이)부터 높고 길게 쭉 뻗어 내려긴 코는 선이 뚜렷하게 잘생겼다. 가장 돋보이는 높은 코만큼이나 그의 위상도 드높다. 영화배우로 모든 것을 누렸지만 콧방울이 약해서 자기 것을 잘 챙기지는 못한다. 배우로 얻은 인기에 권력의 날개를 달고 싶어서 40대 젊은 혈기에 물불 안 가리고 정치판에 뛰어 들었다. 국회의원에 출마해서 실패하고 빚더미에 앉은 것도 40대 중반이었다.

뾰족한 코끝은 성공에 대한 욕망이 강하고, 높은 코는 '미스터 자존심'으로 불릴 만큼 자존심이 아주 강하다. 높고 잘생긴 코가 배우로는 백만 불짜리지만 읍소하며 비위를 맞춰야 하는 정치인으로는 생리에 맞지 않는다. 코가 뾰족해서 식구들의 행동이 못마땅하면 꼭 지적하고 아프게 말한다. 이런 행동 때문에 식구들은 그가 집에 오면 방문을 닫고 모르는 척하지 않았을까? 예전보다 콧방울에 탄력이 붙었기 때문인지, 요즘은 가족에 대한 관심과 잘 챙겨주는 모습을 볼 수 있다. 코만 높으면 혼자만 잘난 독불장군인데 관골이 잘 받쳐주고 있어서 균형이 잘 맞는다. 명예를 상징하는 관골이 발달해서 젊은 시절 정치에 욕심을 냈을 것이다.

법령(미소선)이 뚜렷해서 한 번 원칙을 정하면 끝까지 지키는 자기주관과 고집이 확실하고 자기관리나 일도 철저하다. 그가 출연하면 절대로 늦거나 영화를 망치지 않아서 제작진이 가장 신뢰하는 배우라고 한다. 육체와 정신의 균형을 위해 새벽 4시면 일어나서 독서하고 운동하는 철저한 자기관리를 수십 년째 하고 있다.

입이 작아서 무슨 일이든 정확해야 하고, 분명하게 생긴 입술선은 애매모호한 것은 싫어하는 딱 부러지는 성격이다. 이렇게 법령과 입에서 오는 분명하고 철저한 성격 때문에 가족하고는 오래전부터 따로 살고 있다. 윗입술이 아랫입술보다 많이 얇아서 달변가다. 칼칼한 성격으로 거침없이 내뱉는 언변도 이런 얇은 입술에서 나온다. 얇은 입술은 사람 사귀는 것도 좋아하고 말하는 것도 즐기나 따뜻한 정은 부족하다. 눈이 커서 비밀이 없을 만큼 솔직하지만 한 일ㅡ자로 다문 입을 보면 자신만의 신념은 분명하다.

명예욕과 주위의 권유 때문에 정치에 발을 들였지만 두 번 연속 낙선으로 밑바닥까지 추락했다가, 3번째 도전 끝에 그 꿈을 이루었다. 그러나 기쁨은 짧고 후회는 길었다. 임기 중에 후원금으로 받았던 1억 8000만 원이 뇌물이 되어 69세에 2년 동안 수감생활을 했다. 70이 다 된 나이에 파란만장한 인생을 살게 된 것이다. 그러나 주위의 많은 사람들의 도움으로 비교적 빨리 자유의 몸이 되었다. 자유인으로 사는 요즘의 얼굴은 나이를 믿을 수 없을 만큼 탄력이 좋고, 젊을 때의 타는 듯한 강렬한 눈빛도 한결 부드럽게 바뀌었다.

콧수염이 짙으면 늦게까지 일할 수 있다는 사실을 증명이라도 하듯이, 77세의 나이에 〈야관문 욕망의 꽃〉에 주인공으로 출연했다. 배우라는 직업 덕분에 앞으로도 활동할 수 있고, 턱수염이 좋아 평생 처덕도 많이 본다. 그는 요즘 새벽 4시부터 시작되는 빈틈없이 정해진 규칙적인 생활과, 누구의 간섭도 받지 않는 자유로운 생활이 공존하는 삶을 살고 있다. 지탄받을 행동도 많이 했지만 자유분방해도 비겁하지 않은 당당하고 떳떳한 진짜 남자다. 탄력 있는 얼굴이 말해주듯이 지금의 삶이 편안하고 행복해 보인다. 하얀 백발에 웨이브진 베토벤 머리가 잘 어울리는 영원한 로맨티스트 신성일은 오드리 햅번처럼 예뻤던 엄앵란의 '영원한 짝꿍'이다.

김성주 – MCM 성공신화를 쓴 성주그룹 회장

‘큰 키, 짧은 헤어스타일, 새빨간 립스틱, 칭기즈 킨, 숏커트 머리의 여전사, 재벌 2세, 자수성가형 사업가, 여성운동가, 싱글맘, 한국의 거침없는 여성 사업가, 국감 뺑소니’ 김성주 회장을 일컫는 수식어들이다. 재벌가의 딸로 태어났지만 그냥 주어진 ‘편안한 삶’은 체질에 맞지 않아 온실을 거부하고 허허벌판으로 뛰쳐나왔다. 그리고 맨손으로 시작해 글로벌 명품 브랜드 MCM의 수장이 되었다. 60을 바라보는 나이지만 1년의 절반을 해외에서 보내고, 하루 24시간 중 15시간씩 일하면서 적십자 총재까지 맡았다. 그런 힘은 어디에서 나올까. 그녀의 얼굴을 분석해 본다.

트레이드마크인 짧게 친 숏커트 머리를 보면 그녀가 얼마나 파격적으로 튀는 성격인지 알 수 있다. 사고 자체가 보통 사람들과는 다르다. 안락한 삶을 거부하고 세상과 맞서 싸우는 여전사가 되려는 조짐은 이미 어릴 때부터 있었다. 초등학교 1학년 때부터 아버지 구두를 닦으며 누구의 도움 없이 스스로 살아가는 방법을 배우기 시작했다. 유학금지령, 사회생활 반대, 재벌가와의 결혼을 원하는 보수적인 아버지를 설득할 방법은 아버지로부터의 ‘탈출’이었다. 하늘을 향해 삐죽삐죽 설 만큼 억세고 검은 머리카락에서 나오는 고집은 아무도 못 꺾는다.

실제 부모에게 받아서 편하게 호의호식하며 사는 이마도 아니었다. ‘내 인생은 내가 개척한다’는 생각으로 도전하는 이마다. 좁은 이마는 상류사회의 부와 명예를 스스로 반납하고 가시밭길을 선택하게 만들었다. 그야말로 그녀의 20대는 질풍노도의 시기였고, ‘재벌가

막내딸'이기를 포기한 대가는 혹독했다. 모든 걸 다 잃을 각오로 투쟁하며 살았다. 덕분에 20대에 사업가로서의 기반을 닦아 놓을 만큼 성장했다. 여성의 이마에 현무(양옆 이마에 나온 머리카락)가 있으면 추진력이 강해서 웬만한 남자보다 능력이 뛰어나다. 만약 이마가 좋았으면 지금의 성공한 김성주 회장은 존재하지 않았을 것이다. 그러니 인상이 좋다 나쁘다는 당장 판단할 문제도 아니고, 어느 한 부위가 못생겼다고 해서 실망할 일도 아니다.

유교적 전통이 살아있는 가정에서 자랐다. 정직하고 강직한 품성은 아버지를 닮았고 검소한 생활방식은 어머니로부터 물려받았다. 귀가 잘생긴 걸 보면 어머니의 태교도 좋았고 어린 시절 가정교육도 잘 받았다. 아주 적극적인 기질은 크고 단단한 귀에서도 볼 수 있다. 귀의 높이는 눈꼬리와 비슷한게 표준인데 김 회장의 귀는 특별히 높게 붙어 있다. 이런 귀는 대담한 결단력으로 젊어서 성공하는 상이다. 앞을 향해 열려 있는 귀에는 세상의 모든 정보를 하나도 놓치지 않겠다는 욕심도 들어있다. 내려온 코끝과 가는 눈썹에서 미적 센스와 예술적인 감각이 보인다. 패션을 주도해야 하는 김 회장과 잘 맞고 남다른 패션 감각을 보여준다. 넓은 눈두덩에 살집이 없어서 여유 있고 편안한 인상은 아니다. 스태미나를 보는 자리여서 많은 일을 하기에는 에너지가 부족해 보인다. 그래서 일도 중요하지만 건강도 살펴야 한다.

눈두덩이 들어간 사람은 일에 있어서는 무조건 믿기보다 하나하나 따져가면서 일하는 스타일이다. 얇은 눈꺼풀의 큰 눈은 일을 할 때는 철저하지만 남의 마음을 잘 읽어서 직원들의 마음을 헤아릴 줄 안다. 눈두덩이 넓어서 신앙심이 깊고 평생을 베풀며 살아온 어머니한테 배운 '나눔'에 대한 철학도 각별하다. '봉사하기 위해 성공한다'는 좌우명을 가진 김 회장은 모든 재산은 사회에 환원한다고 공언했다. 지금도 노블레스 오블리주를 실천하고 있는 것도 나눌 줄 아는 봉사정신이 넓은 눈두덩에 들어있기 때문이다.

좁은 이마와 가는 눈썹 그리고 들어간 눈두덩 때문에 코를 기준으로 나눠서 보면 코 위로는 깐깐해 보이고, 아래 얼굴은 훨씬 여유 있어 보인다. 크고 튀어나온 눈 때문에 하고 싶은 말은 못 참고 필요하면 어디서든 직격탄을 날린다. 코카콜라 회장으로부터 강의 요청을 받았을 때도 '도대체 언제까지 아이들 이빨을 썩게 하는 탄산음료만 생산할 것이냐! 그렇게 번 돈 수천억 원 중 10%만 떼어서 콜라 먹고 자란 청소년들에게 투자하라'는 돌직구 강의는 화제가 되었다.

돌출된 눈에서 나오는 관찰력, 반짝이는 아이디어, 큰 배포까지 있어서 일할 때는 눈이 튀어나올 만큼 겁 없이 일한다. 검은 눈동자에는 '촉'이라 말하는 현실감도 들어 있다. 이런 장점과 함께 긴 눈에서 나오는 미래를 보는 안목으로 MCM을 글로벌 기업으로 키워나갔다.

굵게 잘 뻗어 내려온 코는 어디서도 꿀릴 것 없는 당당한 위상을 보여준다. 깨끗한 미간에서 이어지는 산근(눈과 눈 사이)을 지나 전체적인 코가 좋아서 중년에 많은 일을 이루었다. 아버지가 돌아가신 후 형제들끼리 재산 다툼이 일자 기자회견을 자청해서 '자신의 몫을 건드리지 말라'는 공개적인 메시지를 던졌다. 호락호락하게 자신의 재산을 뺏길 사람이 아니다.

낚시바늘처럼 탄력 있게 생긴 콧방울은 자기 것을 지켜내는 방어력도 있고 때가 되면 밀어붙일 줄 아는 공격력도 있다. 재백궁은 준두(코끝)와 콧방울을 말하는데 준두가 둥글고 두터워서 돈의 흐름도 좋다. 두꺼운 콧대에서 나오는 배짱으로 독일의 MCM을 인수하고, 글로벌 명품 브랜드 MCM의 수장이 될 수 있었다. 독일 남자가 못한 일을 한국 여자가 해낸 것이다. 그때가 49세, 바로 오른쪽 콧방울의 나이로 김 회장의 배짱과 도전정신이 만들어 낸 쾌거다. 20대 때부터 패션의 기초를 배우면서 외길을 걸어온 것도, 한 번 시작한 것은 좀처럼 바꾸지 않는 긴 코에서 나오는 보수적인 기질 때문이다.

김성주 회장의 캐리커처를 보면 관골을 아주 크게 그려 놓았다. 명예와 활동력을 말하는 큰 관골은 코와 함께 김 회장의 얼굴에서 가장 눈에 띄는 곳이다. 지구촌을 내 집처럼 다니며 활동하는 에너지는 큰 관골에서 나온다. 관골(광대뼈)이 큰 사람은 아무리 돈이 많아도 집에서 주부로만 있기보다 밖에서의 사회활동을 해야만 하는 적극적인 기질이 있다. 관골이 커서 명예욕도 많고 어디서든 자신의 존재감을 드러내야 한다. 잘한다고 인정해주면 물불 안 가리는 대신 자신의 명예를 실추시키면 못 참는 것도 관골이 큰 사람의 특징이다.

적십자 총재가 된 후 친박 낙하산이라는 조롱을 받았다. 목숨처럼 여기는 명예를 회복하기 위해 발 벗고 뛰면서 반드시 뭔가를 보여줄 것이다. '관골이 큰 여자는 팔자가 세다'는 옛말이 있다. 그러나 팔자 센 여자들이 여성 리더가 되어 세상을 바꾸고 있는 것이다. 21C를 주도하면서 한국을 대표하는 여성 리더들의 관골은 한결같이 크다. 그러니 인상도 시대에 따라 달리 봐야 한다.

김성주 회장의 큰 입은 기업가로서의 큰 포부와 대담한 추진력을 말해 준다. 입이 큰 사람은 스케일이 커서 일을 많이 벌리지만 실패하기도 쉽다. 따라서 신중하게 검토하고 꼼꼼하게 체크해주는 사람의 의견을 귀담아 들어야 한다. 치아를 다 드러내면서 웃는 호탕한 웃음에는 솔직하고 넘치는 자신감이 들어있다. 가지런한 치아를 보면 억척스럽게 살면서도 어금니를 깨물기보다 감사한 마음으로 살아 왔음을 알 수 있다.

코가 길고 코끝이 내려와서 인중이 짧아 보인다. 보수적이고 느긋한 긴 코와 해야 할 일은 빨리 해야 하는, 급한 성격의 짧은 인중이 완급을 조절하며 서로 보완해준다. 관골이 워낙 크다보니 조금만 탄력이 떨어져도 뺨의 살이 들어가 보인다. 입과 턱이 말년의 상징이지만 50대는 뺨부터 시작이고 뺨의 탄력이 턱까지 이어진다. 눈두덩과 눈밑 그리고 입가 탄력은 떨어지고 있다.

머리를 짧게 커트하는 것도 시간 절약을 위해서라고 할 만큼 조금도 쉬지 않는 워커홀릭이다. 너무 피곤하면 눈두덩은 더 들어가고 얼굴색도 나빠지면서 피부의 탄력도 떨어진다. 머리부터 얼굴 전체에서 평생을 도전정신으로 세상과 맞서며 살아온 흔적이 가득하다. 올해 나이로 61세인 지금도 도전하는 얼굴이다. 이제는 긴장을 조금 풀고 편안한 얼굴이면 어떨까?

지금의 건강을 유지한다면 패션계의 리더로 큰일을 해내면서도 멋진 노후를 보낼 수 있다. 그렇게 하려면 가끔은 몸도 마음도 쉬면서 자신을 돌보는 지혜가 필요하다. 한국의 거침없는 여성 사업가, 명품 CEO, 대한적십자사 김성주 총재의 앞으로의 행보가 궁금하다.

하지원 – 팔색조 매력이 돋보이는 무결점 배우

다채로운 매력으로 스크린과 브라운관을 오가며 많은 사랑을 받고 있는 여배우 하지원은 그 누구도 부정할 수 없는 최고의 스타다. 어떤 장르의 어떤 캐릭터에도 잘 어울리는 스펙트럼이 무척 넓은 카멜레온 같은 배우다. 20년이 넘도록 보여준 한결같은 모습과 신인 같은 겸손한 배우 하지원이 존재하는 것은 한국 영화의 축복이라고 헌사를 바친 감독도 있다.

〈황진이〉로 연기대상을 수상하고, 〈해운대〉로 천만관객 배우가 되었으며 〈시크릿 가든〉으로 주말 안방을 평정했다. 역할에 따른 각기 다른 이미지가 팔색조처럼 변화무쌍하고 매력적인 여배우다. 도대체 그녀에게 어떤 인상학적인 비밀이 숨겨져 있을까?

까무잡잡한 얼굴, 강단 있어 보이는 잔근육들, 두껍고 숱 많은 머릿결, 일자 쇄골, 얼굴에 비해 굵은 목에서 그녀는 여전사 또는 액션여왕에 잘 맞는 인상학적 특징을 가지고 있다. 피부가 검은 사람은 에너지가 많아서 몸을 많이 쓰는 운동선수나 현장에서 활동하는 일에 적합하다. 가정주부라도 집에서 살림만 하기보다 사회활동을 해야 할 만큼 적극적인 기질이 있다.

군살 하나 없는 늘씬한 몸속에 숨어있는 잔근육들은 운동으로 단련되기도 했지만 근육이 잘 붙는 타고난 체질이라고 한다. 숱 많고 두꺼운 머리카락에는 어떤 역할도 끝까지 해낼 수 있는 건강과 자신감도 들어있다. 드레스를 입었을 때 드러나는 쇄골을 보면 거의 일직선의 수평으로 뻗어있는데 이런 사람은 기질이 강하다. 작은 얼굴에 비해 목이 굵은 편이어서 오뚜기처럼 쓰러져도 일어나는 억척스러운 근성도 있다. 그래서 붙은 별명이 '독종', '악바리', '여전사', '액션여왕'이다. 대한민국의 유일한 액션 여배우임이 인상학적으로도 증명된 셈이다.

하지원이 배우가 된 계기는 동네 사진관에 걸려 있는 사진을 본 기획사 매니저의 전화였다. 공부 잘하는 모범생이 책상에 앉아 있기보다 연예계로 이끌렸던 요인이 그녀의 이마에 다 들어있다. 이마에 잔털이 많아 좁아 보이는데 이런 이마는 재능과 끼가 많아서 공부보다는 예체능으로 진로를 정하는 경우가 많다. 가정형편 때문에 오랫동안 마음속에 간직했던 배우의 꿈을 부모님께 말하지 못했다. 그러다 고3 때 전화 한 통으로 그녀의 인생이 바뀐 것이다. 잔털 때문에 이마가 좁았어도 전체적으로는 둥그스럼하게 예쁘게 생겨서 자상한 아버지와 친구 같은 어머니의 사랑을 듬뿍 받고 자랐다. 상황에 따라 카멜레온처럼 변하고 본인의 캐릭터에 완벽하게 녹아드는 연기는 명석한 두뇌가 있기 때문에 가능하다.

연기에 대한 열정과 한 번 마음먹은 건 끝까지 하고야 마는 깡도 이마의 잔털에 들어있다. '아직도 더 배우고, 발전하고, 도전하고 싶어요'라고 말하는 그녀답게 눈썹 앞머리가 항상 서있다. 눈썹 앞머리가 서있으면 긴장하며 현재에 머물지 않고, 끊임없는 노력으로 좀 더 발전하고 싶어 한다.

학창 시절에는 7년 연속 반장을 했는데 인기도 많았지만, 눈썹이 짙으면 줄반장이라도 할 만큼 앞에 나서기 좋아한다. 짙은 일자눈썹에서 나타나는 외골수 기질은 한 번 시작하면 끝장을 본다. 차분한 눈썹은 상대를 배려할 줄 알고 성품과 인간성이 가장 좋은 배우로 알려져 있다. 당연히 감독, 연출자들이 같이 일하고 싶은 배우 1위에 꼽힌다. 여자의 눈썹이 좋으면 좋은 배우자를 만난다고 하니 기대해도 좋겠다.

그녀의 최고 무기는 감정이 풍부한 커다란 눈과 크고 까만 눈동자에 들어있는 감성인데 서럽게 펑펑 우는 연기는 끝판왕이다. 〈기황후〉에서 보여준 섬세한 감정표현을 눈빛 연기로 해내서 많은 찬사를 받았다. 눈은 마음의 창이라고 한다. 맑은 눈을 통해서 보는 그녀의 마음도 깨끗하고 맑은 사람임을 알 수 있다. 긴 눈은 깊이 생각하고 말하기 때문에 말도 행동도 실수하지 않는 신중함이 있다. 데뷔한지 20년이 된 그녀가 스캔들 하나 없는 무결점 배우가 된 이유다.

반짝이는 눈동자를 보면 영리해서 공부를 했어도 잘했을 것이다. 반달모양의 눈매가 더 좋은 인상을 준다. 볼록한 와잠(눈밑살)은 섹시미가 강조되고 나이도 거꾸로 먹는 듯 동안으로 보인다. 6개월 동안 하루도 쉬지 못하고 촬영을 해도 견딜 수 있는 스태미나는 도톰한 눈두덩과 함께 탄력 있는 와잠에 가득 들어있다.

넓고 깨끗하게 생긴 인당(미간)의 운기를 보는 28세에 KBS 연기대상에서 대상을 탔고, 눈썹의 나이인 33세와 눈의 나이인 36세 때 MBC 연기대상에서 대상을 수상했다. 인당과 눈썹 그리고 눈까지 행운이 이어졌다. 인당에서 산근(눈과 눈 사이)이 잘 연결되어 있어 우연히 시작한 배우의 길도 순탄하고, 41세부터 시작되는 중년(41~50세)도 좋아서 큰 어려움 없이 물 흐르듯 좋은 운이 이어질 것이다. 곧게 내려온 반듯한 코에 걸맞게 스타로서의 위상도 반듯하다. 적당한 높이, 적당한 두께의 매력적인 코는 지나친 욕심은 없지만 적당히 챙길 줄도 안다. 워낙 잘 웃고 적극적으로 살기 때문에 점점 콧방울에 탄력이 생기면서 재물도 더 쌓여가는 중년을 기대해도 좋겠다. 웃으면 앞으로 봉긋하게 솟은 광대뼈는 얼굴에 볼륨감을 주어 동안으로 만들어주고, 매력적인 코와의 조화로움으로 돋보인다.

잘생긴 코와 관골 때문에 그녀에게는 더 화려하고 영화로운 중년이 기다리고 있다. 광대뼈가 좋아서 주변에 받쳐주는 사람이 많고 인기도 많다. 지독한 노력파로 '진짜 독종' 소리를 듣는 것도, 강한 승부욕도 튼실한 광대뼈에서 나온다. 코가 높고 광대뼈가 큰 사람은 자존심이 강하고 명예가 우선이다. 그러니 누가 시키지 않아도 미리 알아서 하고 욕먹을 짓은 절대 하지 않는다.

중년을 지나서 50대의 새로운 변화가 시작되는 인중이 좋다. 넓은 법령 안에 있는 인중 부위도 두둑해서 재물복도 넉넉하다. 입이 큰 편이어서 통이 크고 시원시원한 성격이다. 입꼬리가 적당하게 짜여져서 (입꼬리가 올라가지는 않았지만 느슨하지는 않음) 깍쟁이처럼 야무지게 내 것을 챙기지는 않지만, 적당히 봐주면서 그냥 넘어가지도 않는다. 도톰한 입술은 따뜻하고 정이 많아서 남한테 잘 베푸는 넉넉함이 있다. 환하게 웃을 때 보이는 동글동글한 고른 치아는 원만한 성격이어서 어딜 가도 인기 있고 무슨 일이든 똑 부러지게 한다. 가슴과 엉덩이와 허벅지의 3단 볼륨으로 섹시미녀이기도 한 그녀는 특히 허벅지가 꿀벅지다. 히말라야 등반도 거뜬한 튼튼한 하체 연예인 1위로 등극했는데 체상으로 보면 엉덩이와 허벅지는 말년을 말하기 때문에 말년도 보장된 셈이다.

그녀는 측면에서 보는 얼굴도 참 예쁘다. 정면의 얼굴이 예쁘면 사회생활이, 측면의 얼굴이 예쁘면 사생활이 만족스럽다는 뜻이다. 배우로서도, 가족과 보내는 집에서도 즐겁고 행복하기 때문이다. 결혼 후에도 만족한 가정생활을 할 것이다.

타고난 운과 부단한 노력으로 그녀는 대한민국의 톱스타가 되었고 흥행퀸도 되었다. 얼굴 경영은 곧 마음 경영이다. 운이 좋을 때 자만하지 말고 운을 지키는 게 지혜로운 것이다. 한국 나이로 39세인 여배우 하지원은 대한민국을 평정하고 머지않아 헐리우드까지 진출하여 새로운 스토리를 써 내려가지 않을까?

:4마당

복을 담는 **그릇, 입**
노후를 보장하는 **안심보험, 턱**

유해진 — 뇌섹남 그리고 믿고 보는 배우

영화에서는 구수한 입담을 선보이고 동시에 깐죽거리는 캐릭터로 많이 출연해서 유해진을 한국의 '스티브 부세미'라고 부른다. 예능에서는 분위기 메이커로 통하고 코믹, 스릴러, 범죄, 액션 등 모든 장르를 넘나들더니 '뇌섹남', '참바다'라는 별명과 함께 팔색조의 매력을 가진 명품 배우 대열에 올라섰다. 특히 예능프로 〈삼시세끼〉에서 폭발적인 인기로 시청자들의 마음을 훔쳤다. 조연이지만 하나같이 강하고 인상적인 캐릭터를 연기한 대표적인 연기파 배우 유해진의 매력은 어디까지일까? 천상 악역을 벗어나기 어려운 외모다. 튀어나온 광대뼈, 찢어진 눈, 사각형 얼굴, 거무스름한 피부 때문에 조연도 악역에나 맞는 얼굴이다. 이런 외모 때문에 연극영화과에 입학할 때도 세 번이나 떨어졌다는 그의 얼굴은 실제로 보면 훨씬 매력적이라고 한다. 근골질인 사각형의 얼굴은 뼈가 많은 양의 기질로, 폭발적인 에너지를 가졌지만 얼굴이 편편해서 자신을 잘 드러내지 않는다. 다부지고 남성적으로 보이는 체형도 옷에 가려져서 그렇지 실제로는 이소룡하고 맞먹을 만한 근육을 가지고 있다.

지금은 연기파 배우로 인기 있는 최고의 배우지만, 처음에는 가난한 연극배우의 길을 선택한 아들을 반대한 부모님 때문에 힘든 시간을 보냈다. 청년 시절에는 집안의 반대와 기약 없는 미래로 배우 생활에서 가장 큰 시련의 시기였다. 20대를 보는 이마가 좋은 편이 아니어서 그때의 환경은 그리 넉넉하지 않았음을 알 수 있다. 그의 얼굴을 초년, 중년, 말년으로 나누어 본다면 초년에 가장 고생을 많이 했다. 이를 증명이라도 하듯이 지독한 노력으로 생긴 눈썹 위의 두터운 근육도 26~27세에 생긴 것이다.

까불까불하고 건방지고 건들거리며 불량할 것 같은 이미지와는 다르게 실제로는 굉장히 과묵하고 지적이다. 가늘고 긴 눈은 신중해서 자기감정을 다 표현하지 않고, 눈꺼풀에 있는 가는 주름은 매사에 조심스럽게 행동한다. 배우 차승원의 짙은 눈썹과 유해진의 옅은 눈썹은 인상학적으로도 궁합이 잘 맞는다. 옅은 눈썹은 짙은 눈썹과 달리 지나치게 고집을 부리거나 안 되는 일을 밀어붙이지 않는다. 급할 때도 기다릴 줄 알고 상황에 맞게 대처하며 상대방의 기분이 상하지 않게 잘 맞춘다. 이런 이유로 두 사람은 오래전부터 마음 잘 맞는 동료이자 친구였고, 차줌마와 참바다의 찰떡궁합으로 〈삼시세끼〉는 노부부의 다큐멘터리라는 찬사를 받았다. 눈썹이 옅은 사람은 혼자 지내는 것도 좋아해서 그는 독서와 사색으로 외로움을 즐기며 산다. 산이 좋아 산에 가고, 연기가 좋아서 연기를 하며 물 흐르듯이 순리대로 살 줄 아는 삶의 지혜가 그의 옅은 눈썹에 들어있다.

미간이 좁은 편이어서 무엇 하나 놓치지 않는 치밀함이 있는데 연기도 그렇게 할 것이다. 며칠 밤을 세우며 촬영을 해도 피곤함을 모르는 스테미나는 두툼한 눈두덩에서 나온다. 틈틈이 하는 독서와 사색과 다양한 경험들은, 연기에 대한 열정을 용광로처럼 뜨거운 에너지로 뿜어낼 수 있는 내공으로 차곡차곡 쌓여 간다.

옅은 법령(미소선)은 부자가 되기 위해서가 아니라 '재미있게 잘 살고 싶어서' 배우의 길을 가는 거라는 그의 생각을 잘 보여준다. 틀에 매이지 않고 자유롭게 살고 싶어 하는 것도 마찬가지다. 세월이 흐르면서 끊임없이 진화하는 그는 마음 씀씀이가 넉넉한 동네 아저씨 같다. 편안하고 친숙한 이미지의 훈훈한 면모는 오래전부터 스크린 밖에서 형성되었다. 영화 속 배역이나 외모와 달리 꼼꼼하고 섬세함이 요구되는 뜨개질과 그림 그리기를 좋아한다. 특히 그와는 어울리지 않는 뜨개질을 하는 걸 보면 상당히 꼼꼼한 사람인데, 이런 섬세함은 눈 위의 가는 주름, 좁은 미간, 가는 산근에서 나온다. 이런 의외의 모습에 유해진이란 배우에 대한 호기심이 점점 더 생긴다.

41~43세를 보는 산근(눈과 눈 사이)이 약간 들어갔다. 산근이 움푹 꺼지거나 흠이 있는 사람은 이 시기에 사고, 질병, 금전적인 손실 등의 많은 일들을 겪는다. 산근을 질액궁, 또는 변화궁이라고 하는 이유다. 42세에 3년간 사귀던 여자친구와 결별했다. 결혼 적령기를 넘긴 두 사람이 결별했을 때는 그만한 이유가 있겠지만 약간 들어간 산근으로 인해 넘어야 할 산이었을까? 그래도 산근이 많이 들어가지 않아서 작다면 작은 이성 간의 문제였으니 다행이다.

산근이 가는 편이어서 마음도 여리고 예민하다. 그를 아는 모든 사람들은 배우 유해진을 겸손하고 인간적인 사람이라고 칭찬을 한다. 삼성카드 CF모델을 할 수 있었던 것도 '유해진은 화려하지는 않지만 겸손한 인상이 좋아서'다. 만일 콧대가 높아서 건방지고 도도했으면 이런 CF모델이란 행운을 얻지 못했을 것이다. 크지 않은 나지막한 코 때문에 치솟는 인기에도 여전히 자신을 낮출 줄 아는 인간적인 사람이다. 콧방울이 약해서 자기 것을 악착같이 챙기는 욕심은 별로 없고, 코를 감싸주는 관골과도 적당하게 균형이 맞는다.

하마같이 크고 두꺼운 입은 그의 연기만큼이나 다양한 캐릭터를 보여주고 있는 가장 특징적인 곳이다. 큰 입에는 영화에 대한 욕심과 야망이 가득 들어있다. 조용해 보이지만 윗입술이 두터워서 고집도 있고, 약간 돌출된 입은 행동적이다. 입이 큰 사람은 일 처리를 감정적으로 할 수 있는데 눈이 작아서 마지막에는 신중해진다. 이렇게 인상이란 서로 보완해주는 역할들을 하기 때문에 가감해서 봐야 한다.

입술이 두꺼워서 정이 많고 먹는 것에도 관심이 많은데, 그가 투박하게 보이는 이유가 된다. 앞니가 커서 자기주장을 할 때는 굽히지 않을 것이고, 개그맨 수준인 입담은 약간 튀어나온 입에서 나온다. 아랫입술 가운데를 나눈 듯한 선명한 선은 '섹시하다'는 의미도 되는데 주로 두꺼운 입술에서 볼 수 있다. 두껍고 큰 입은 느슨해서 자기 것을 야무지게 챙기기보다 베풀고 나누기를 더 좋아한다. 웃을 때 윗잇몸이 보이는 사람은 마음이 순수하고 착해서 자신보다 가족이나 지인을 더 생각하고 챙긴다. 자신을 위해서는 작은 것도 아끼지만 사랑하는 사람이나 가족을 위해서는 아무리 비싼 것도 덥석 살 수 있다.

'영화와 여행 그리고 산'은 그가 스스로 꼽는, 자신을 설명하는 3가지 관심사다. 그러면서도 미술전을 자주 찾고, 여전히 과학 잡지를 탐독한다. 배철수의 음악캠프에서 팝송을 듣는 순간 '삶의 낙'을 느낀다는 사람이다. 거기에 그림 솜씨도 수준급이며 '맥가이버' 못지않은 각종 발명의 기술로도 유명세를 더한다. 도대체 못하는 게 뭘까?

재미있게 꾸며내는 언어유희와 내공 가득한 예능감이 어디 거저 나오겠는가? 예능프로까지 접수할 수 있는 것은 그의 다양한 관심과 취미 그리고 경험에서 나오는 것으로 빈 시간 없이 살아온 결과다.

그의 나이 이제 관골의 운기를 보는 47세, 관골과 뺨이 좋아서 그의 인기는 멈출 줄 모르는 현재 진행형이다. 그는 이제 험상궂은 배우가 아니라 개성 넘치는 연기파 배우다. 대중에게 사랑받는 만큼 자신이 누군지 잊는 걸 두려워해서 지금도 끊임없이 자신을 반성하며 산다고 한다. 살짝 미소만 지어도 턱에 오돌토돌한 복숭아씨 같은 모양이 생긴다. 자신에게 아주 엄격한 사람임을 말하는데 이런 사람은 타인에게도 엄격하다. 귀밑 시골이(턱 위의 뼈) 발달되어 있어 무명 시절부터 힘든 시기를 잘 견디어 온 지구력은 타고 났다.

최근 사진에서는 스태미나를 보는 눈밑살에 탄력이 떨어진 것처럼 보인다. 아직은 젊지만 앞으로 뺨에서 입가 그리고 턱까지의 피부 탄력이 떨어지지 않도록 잘 관리해야 한다. 빙긋이 웃기보다 치아가 다 보이도록 웃어주고, 과음과 과식은 피하는 게 좋다. 얼굴의 탄력을 잘 유지한다면 지금의 인기와 풍요로운 삶은 늦게까지 이어질 것이다. 한두 가지 개성으로 설명하기에는 역부족인 매력이 넘치는 남자, 그의 끝 모를 진화는 어디까지일까?

엄앵란 − 엄보살, 한국의 오드리 햅번

1950년대 한국의 오드리 햅번으로 불렸고, 60년대 한 시대를 풍미하는 영화배우로 청춘 영화의 아이콘 그 자체였던 엄앵란은 신성일과의 결혼으로 대한민국 1호 세기의 커플이 되어 은막을 떠났다. 정치와 바람으로 가슴에 피멍이 들도록 속 썩인 남편을 큰 가슴으로 품어주고 자녀들한테는 수호천사가 된 엄앵란, 샘솟는 에너지와 뜨거운 열정으로 '나이는 숫자에 불과하다'는 사실을 증명이라도 하듯이 팔순의 나이에도 많은 일들을 척척 해내고 있다

그녀한테서 느껴지는 남다른 에너지는 어디서 나오는지 궁금하다.

좁은 이마, 작은 눈, 잘생긴 코, 도톰한 입을 보면 천국과 지옥을 오가며 살았던 변화무쌍한 인생보다는 두둑한 인덕과 재물복이 더 많은 얼굴이다.

좁은 이마는 힘들었던 어린 시절과 결혼 후 남편 때문에 겪은 모든 고단한 삶이 다 들어있을 만큼 열악하다. 이마에는 부모복과 함께 결혼한 여자에게는 남편복도 들어있기 때문이다. 색소폰을 불었던 아버지는 유랑벽이 있어서 가정을 돌보지 않았다. 판자촌에 살면서 끼니 걱정을 해야 했고 16살 때는 어머니와 시장에서 떡 장사를 할 만큼 가난했다. 19살 때 영화배우로 데뷔하고 나서야 가난에서 벗어날 수 있었다. 이마가 좁은 대신 살집이 두터워서 잘생긴 코와 함께 돈복이 들어있으니 조물주는 공평하다. 돈을 벌면서 학교에 다닐 수 있어 배우가 되었다지만 타고난 재능이 없으면 가능한 일이 아니다. 색소폰을 부는 아버지와 여배우였던 어머니에게 물려받은 '끼'가 그녀의 얼굴에 고스란히 들어있다. 이마에 있는 잔털과 귀 가운데 튀어나온 연골조직에서 나오는 튀는 기질이 바로 배우가 될 수밖에 없는 '끼'인 것이다.

눈썹의 생김새에 따라 대인관계와 형제간의 우애를 보고 성격을 본다. 적당한 눈썹숱이 차분하게 누워있고 부드러워서 성품도 인덕도 좋다. 온화한 성격은 좀처럼 화내는 일이 없고 오히려 화난 사람도 달래고 풀어주는 지혜가 있다. 인덕이 많아서 힘든 고비 고비마다 도와주는 사람들이 많았다. 인덕이 많다고 하지만 결국 인덕은 자신이 만드는 것이어서 베풀고 살아왔음을 알 수 있다.

모든 복은 사람을 통해서 오는 것인데 그녀의 인덕은 재물복으로 이어진다. 젊었을 때의 올라간 눈꼬리보다 지금의 눈이 편안해 보인다. 눈이 자그마하면서도 길어서 감정을 앞세우기보다 신중하고 이성적이다. 남편의 충격적인 고백으로 자존심이 만신창이가 됐을 때도 자신의 감정보다 가정을 지키겠다는 마음으로 흔들리지 않았다. 한 시대를 풍미할 만큼 유명했던 여배우였지만 검소하고 소박하게 살 수 있는 것도 눈이 작기 때문이다. 감당하기 어려운 모든 일들을 인내하며 이겨낸 그녀의 작은 눈은 그 어떤 쌍꺼풀진 큰 눈보다 아름답다.

　최초의 학사 출신 여배우가 공부보다 연기를 선택한 이유는 남들보다 넓은 미간에서도 볼 수 있다. 미간이 넓으면 자유롭게 하는 일을 좋아한다. 오픈 마인드에 사교적이어서 사람들한테 인기가 많고, 미간이 넓은 만큼이나 마음도 넓다. 기막히고 어이없는 일이 생겨도 '그래, 잘 먹고 잘 살아라'며 털어버리고 잊어버리는 낙천적인 성격이다. 중년의 남성들한테 많이 볼 수 있는 미간의 굵은 주름은 고난과 맞서면서 살아온 훈장처럼, 그녀의 고단했던 삶을 말해 준다.

　눈이 세로로 두 개 이상 들어갈 만큼의 넓고 두툼한 눈두덩 때문에 여유 있고 편안하게 보인다. 일일이 따지고 계산하기보다 베풀기 좋아하는 정 많은 사람이다. 눈두덩이 넓고 살이 많아서 남편을 품어주고 어떤 상황에서도 총알받이가 되어 지켜주었다. 넓은 눈두덩에서 나오는 깊은 신앙심으로 매일 새벽기도를 하면서 마음을 다스렸다고 한다. 남편에 대한 부모와 같은 마음은 깊은 불심에서 나오는 너그러움이 있기 때문이다. 보살의 영역에 이르는 큰마음을 가진 엄 여사는 '국민불자배우', '엄보살'이 틀림없다. 두터운 눈두덩에서 나오는 체력으로 지금도 팔순의 나이에 많은 일을 거뜬히 해낸다.

동글동글하고 반듯하게 잘생긴 코는 많은 어려움 속에서도 자기위상을 반듯하게 지닐 수 있었다. 신성일의 자서전으로 배신감과 상처로 이혼하고 싶었지만 자존심 때문에 이혼은 할 수 없었다고 한다. 자존심을 말하는 그녀의 높은 콧대가 가정을 또 한 번 지켜준 셈이다. 소유 능력도 좋고 실속을 챙기는 콧방울이 두껍고 탄력 있게 생겨서 재물을 모으는 금고는 탄탄하다. 살짝 보이는 큰 콧구멍은 움켜쥐지만 않고 쓸 때는 통 크고 화끈하게 쓰는 여장부 기질이 있음을 말해준다. 내려온 코끝에서는 다시 한 번 예술성을 유감없이 보여주는데, 내려온 코끝 때문에 짧아 보이는 인중은 칼귀와 함께 눈앞에 있는 일은 빨리 해야 하는 급한 성격임을 보여준다. 튼실한 관골에서 나오는 에너지는 고령에도 방송인으로, 전국을 돌며 강의하는 강사로 활발한 활동을 할 수 있는 힘의 원동력이다. 남의 눈을 의식하는 관골의 특성 때문에 대중이 어떻게 볼까를 항상 살피고 자신을 드러내는 명예욕도 있다. 고생은 많이 했지만 늘 긍정적이고 즐겁게 살아서인지 뺨과 피부의 탄력 때문에 나이보다 훨씬 젊어 보인다.

연애할 때 남편이 키스하고 싶었다고 할 만큼 예쁜 입술은 그녀의 얼굴에서 가장 돋보인다. 젊었을 때 도톰한 입술에서 보여주는 매력 때문에 한국의 오드리 햅번이란 애칭이 붙었을 것이다. 꽉 조여지지 않는 느슨하고 도톰한 입은 정이 많아서 나누고 베푸는데 인색하지 않고, 입이 커서 통이 크다. 크고 도톰하게 생긴 입이 좋아서 60대의 운이 활짝 열렸다. KBS 간판프로그램 〈아침마당〉을 통해서 다시 세상에 모습을 드러냈을 때가 1995년, 그녀의 나이 60세였다. 〈뜨거운 가슴에 좌절이란 없다〉라는 패자부활전을 주제로 책도 냈다. 조리 있게 말하는 달변가는 아니지만 솔직하고 구수한 입담으로 배우였을 때의 명성을 회복했다. 고단했던 그간의 시간들을 보답이라도 받듯이 60대부터 방송일과 전국 강연으로 눈만 뜨면 돈이 들어왔다는 시기였다. 자녀들을 향한 넘치는 애정과 남편을 끝까지 보살핀 위대한 모성애도 도톰한 입에서 나온다.

인상학에서는 '입 큰 여자가 남편을 먹여 살린다'는 말이 있다. 입이 크면 생활력이 강해서 집에 있지 못하고 사회생활을 하면서 돈을 벌기 때문이다. 그녀 역시 억척스럽게 일하면서 집안 경제를 책임졌다. 입술의 두께는 요리솜씨와 비례하기 때문에 비빔밥 식당을 운영하고 김치사업을 하는 것은 자연스러운 일이다. 호탕하게 웃는 웃음에서 솔직하고 시원시원한 성격이 드러난다. 64세에는 오랫동안 뒷바라지했던 남편이 국회의원 금배지도 달았다.

뜻하지 않은 일로 남편의 옥살이 뒷바라지를 하면서 70대를 눈물로 시작했다. 그러나 그동안 쌓은 덕으로 많은 사람들이 도와줘서 2년만에 남편은 자유인이 되었다. 턱이 워낙 좋아서 70대에 들어서는 어느 때보다 바쁘고 행복한 인생의 절정기를 살고 있다. 김치사업과 상담일 그리고 방송과 강연까지 즐거운 일의 연속이다. 이중턱이어서 재물창고까지 풍성하다. 두꺼운 이마, 두꺼운 코, 크고 도톰한 입, 탄력 있는 뺨과 튼실한 턱까지 그녀의 얼굴은 일복도 재복도 넘친다.

자신을 희생하면서 가정을 지키고, 자녀를 잘 키워서 훌륭한 어머니상으로 존경받고 있다. 세월 앞에서는 장사가 없다는데 턱의 탄력이 많이 떨어졌고 건강에도 이상이 왔다. 산전수전 공중전을 겪게 한 남편(신성일)을 만천하에 흉도 봐야 하고, 그동안 못했던 즐겁고 재미난 일들을 향해 끝없는 도전도 해야 한다. 머지않아 구수한 입담과 호탕한 웃음을 가지고 건강한 모습으로 TV에 나타날 엄앵란을 많은 시청자들이 고대하며 기다리고 있다.

메이저 3연패, 소렌스탐 이후 10년 만에 대기록, 아시아 최초의 커리어 그랜드슬램 달성 선수, 한국인 최장기간 세계랭킹 1위(56주) 기록 보유자!

세상에 이런 기록을 세운 골퍼는 여태껏 없었다. 골프 황제 타이거 우즈도 여제 안니카 소렌스탐도 메이저 대회를 종과 횡으로 각각 3연승하는 진기록을 세우지는 못했다.

라운딩할 때 늘 침착한 표정으로 기복 없는 플레이를 펼칠 만큼 평정심이 강해 붙은 별명이 '침묵의 암살자'다. 치명적인 실수를 해서 사실상 승부의 갈림길에 있을 때도 무표정으로 일관하고, 그러다 완벽한 버디로 관중들이 환호해도 미소만 지을 뿐인 박인비 선수. 이제 29세인 그녀의 어디에서 그런 모습이 나올까?

14세까지의 유년 시절을 말해주는 귀가 예뻐서 가정교육도 잘 받았고 성품도 반듯하다. 귀가 잘생겨서 부모님이나 코치의 지도에 순응하며 잘 따른다. 골프를 하지 않았다면 기업이나 공무원 등의 조직생활을 해도 잘할 수 있다. 정면에서 봤을 때 귀가 거의 보이지 않으면 자신의 의지를 관철하는 의지가 아주 강하다고 본다. 턱이 워낙 좋다보니 상대적으로 이마는 약간 좁아 보이지만 전형적인 여성의 이마로 둥글고 깨끗하다. 온 가족의 골프 사랑이 대단한 부유한 집에서 태어나 부모님의 사랑을 듬뿍 받으며 일찍부터 골프를 할 수 있었다. 약간 좁은 이마 때문에 10~20대인 초년에는 고생스런 운동을 하는 것이다.

이마에서 자연스럽게 이어지는 인당(미간)은 적당한 살집에 윤택하다. 2015년 메이저 3연패를 했을 때가 28세였는데, 밝고 빛나는 인당(양쪽 눈썹 사이)의 기운을 듬뿍 받아서 행운으로 결실을 맺었다. 이렇게 좋은 인당을 가진 사람은 평생 운이 좋고, 어려운 일을 만나도 회복탄력성이 높아 빠르게 제자리로 돌아온다. 인당이 좋아서 꾸준한 노력과 함께 마음관리만 잘 하면 무엇을 하든 탄탄대로다. 부부금슬을 말하는 눈꼬리 옆의 부부궁이 좋고 자녀운을 말하는 와잠(눈밑살)도 좋다.

눈이 작은 사람은 감정을 드러내지 않는 성격 때문에 결과에 상관없이 항상 담담한 표정이다. 묵묵히 앞만 보고 노력하면서 목표를 이루는 저력과 내공, 대단한 집중력도 작은 눈에 들어 있다. 신중하고 침착해서 나이에 비해 어른스럽고, 작지만 긴 눈은 당장의 결과에 일희일비하지 않고 골프인생 전체를 내다볼 줄 안다.

차분하게 누워있는 눈썹은 정서적으로 안정되어 있고 어떤 상황에서도 감정의 흔들림이 없음을 뜻한다. 뿐만 아니라 한번 인연을 맺으면 끝까지 가는 인간관계로도 유명하다. 캐디와는 10년째 호흡을 맞추고, 멘탈 트레이너와도 8년째 인연을 맺고 있다. 박인비 선수의 경기를 보면 선두 선수를 추월하기 어려운 상황에서도 역전으로 우승할 때가 많다. 짙은 일자눈썹에는 끝까지 해내는 힘과 승부근성이 들어 있다. 장타보다 정확한 샷을 선호하고, 특히 신기의 퍼팅 실력은 누구도 따라올 수 없는 그녀만의 강력한 무기다. 이런 실력은 좁은 눈두덩에서 나오는 자로 재는 듯한 정확하고 치밀함에서 나오는 것이다.

가장 어려운 시기에 연인 사이로 발전해서 결혼한 남편의 도움으로 다시 정상으로 회복할 수 있었다. 오래된 습관을 바꾼다는 것은 쉬운 일이 아니다. 스윙코치인 남편을 만나 스윙을 바꾼 것은 빠른 결단력이 있기 때문이다. 코가 짧으면 바꿔야할 때 망설이지 않고 바꿀 줄 알고 어떤 상황에서도 대처를 잘하는 순발력이 있다. 경기가 잘 풀리지 않을 때도 지나간 일에 연연하지 않는 낙천적인 성격도 짧은 코에 들어있다. 큰 관골에 비해서 코가 높지 않아 겸손하고 언제나 자신을 낮추면서 남편의 위상을 세워준다. 경기할 때는 무표정으로 일관하지만 남편 앞에서는 애교 많은 귀여운 아내다.

눈이 작아서 함부로 낭비하지는 않지만, 콧구멍이 보여서 친구들과 음식점에 가면 본인이 돈을 내야 마음이 편한 사람이다. 대회기간인 4일 동안 72홀을 돌며 모든 것을 쏟아야 하는 지치지 않는 체력과 기력은, 에너지 탱크인 크고 단단한 관골에서 나온다. 웃을 때 살짝 보이는 윗잇몸을 보면 감추는 것이 없고, 입술이 도톰해서 정이 많다. 코 끝이 내려와서 짧아 보이는 인중 때문에 할 일은 바로 해야 하는 급한 성격도 있다.

박 선수는 한국에서 중학교를 졸업하고 미국으로 일찍 유학을 갔다. 어린 나이에 미국에서 골프선수가 되기까지 많은 어려움을 극복한 것을 보면 얼마나 의지가 강한지 알 수 있다. 뿐만 아니라 어떤 상황에서도 흔들리지 않는 안정된 플레이로 자신의 기량을 마음껏 발휘하는 모습은 언제 봐도 듬직하고 믿음직스럽다. 이는 모든 중심을 든든하고 튼실한 턱에서 잡아주기 때문이다. 턱이 두툼하다는 것은 그만큼 지구력이 강하다는 뜻이다. 지구력을 요하는 골프선수로서 박인비 선수의 턱이야말로 메이저급이다. 길고 넓고 두꺼워야 되는 좋은 턱의 조건을 다 가지고 있다. 턱에서 나오는 강한 기운으로 4년이란 긴 슬럼프를 이겨내고 세계 랭킹 1위를 할 수 있었다.

이제 20대인 박인비 선수는 재물복이 많다는 이중턱이고, 평생의 부를 보는 피부도 탄력이 넘친다. 어릴 때부터도 유복하게 자랐지만 힘들게 프로생활을 하지 않아도 될 만큼 항상 돈이 따르는 얼굴이다.

턱은 자신의 지나온 삶의 결실을 나타내는 곳이다. 턱이 워낙 좋아서 초년보다 중년이, 중년보다 말년이 더 좋은 얼굴이다. 턱에서 나오는 의지력과 지구력은 강하지만 성격은 온화하고 원만해서 따르는 후배도 많을 것이다. 은퇴 후에는 후배들을 가르치고 베풀면서, 좋은 부모가 되어 멋지게 살아갈 수 있는 최고의 턱이다.

얼굴에서 보는 상도 좋지만 체상은 더 좋다. 목표를 정하면 끝까지 해내는 힘은 짧고 굵은 목에서도 나온다. 목이 굵은 사람은 내 것은 절대로 뺏기지 않고 남의 것도 탐낼 만큼 욕심이 많다. 이런 사람은 목표를 정하거나 경쟁할 때 절대로 포기하지 않는다.

박인비 선수의 몸은 전체적으로 두껍다. 상체가 두꺼우면 오장육부도 커서 건강은 타고났다. 경기가 풀리지 않아도 조바심 내지 않고 계획대로 플레이를 하는 담대함도 두꺼운 가슴에서 나온다.

이런 모습에 상대 선수가 오히려 흔들리고 만다. 이런 담대함과 배짱 때문에 무시무시한 '침묵의 암살자'로 '포커페이스'로 불리는 것이다.

굵은 허벅지와 장딴지는 상체를 한치의 흔들림 없이 굳건히 받쳐주어 그녀의 스윙은 간결하면서도 파워풀하다. 골프선수로는 어떠한 상황에서도 안정된 플레이를 할 수 있는 최고의 얼굴과 몸이고, 골프를 잘하기 위해서 태어난 사람이다.

그러나 박 선수의 진짜 무기는 깊은 마음과 변하지 않는 심성이다. 깊은 맛이 나는 장맛 같은 그녀의 인간관계가 '골프 여제'가 된 가장 큰 무기다. 이런 무기를 가진 박인비 선수가 116년 만에 올림픽 여자 골프 금메달의 역사적인 주인공까지 되었다. 앞으로도 국민들에게 좋은 소식으로 기쁨을 드리겠다고 그녀의 얼굴이, 그녀의 몸이 말한다.

부록

재미있는 인상이야기

치아가 많아서 왕이 된 **유리왕**

신라 2대 임금인 남해왕은 아들 유리와 사위 탈해를 두고 왕위 승계를 고민했다. 처음에는 마음에 드는 사위인 탈해를 염두에 두었는지, 아들과 사위 중 나이가 많은 사람을 왕으로 잇도록 결정했다. 사위인 탈해가 아들인 유리보다 나이가 많았던 것이다. 아버지의 뜻을 이해한 아들 유리는 탈해에게 왕위를 양보하려고 했다. 그러나 탈해는 유리에게 다음과 같은 제안을 했다.

"이가 많은 사람이 덕과 지혜가 많다고 합니다. 우리 둘 중 이가 많은 사람이 왕이 되도록 결정하는 것이 어떻겠습니까?"

탈해의 이런 제안에 예로부터 내려온 풍습이라며, 신하들은 모두 찬성했다. 아버지의 뜻대로라면 탈해가 왕이 되는 건 기정사실이지만, 탈해의 제안으로 왕위 계승을 놓고 합리적인 선택으로 왕을 뽑기로 한 것이다. 유리도 겸손하고 마음이 너그러웠지만, 탈해도 지혜로운 사람이었다. 드디어 유리와 탈해는 떡을 깨물어 떡에 새겨진 잇금, 즉 잇자국을 세었다. 결과는 유리의 이가 많았다.

남해 차차웅의 뒤를 이어 신라 제3대 왕은 유리 이사금이 되었다.

'이사금은 잇금, 즉 이의 자국을 뜻하는 말'이다. 잇금으로 왕을 정한다는 뜻으로, 신라에서는 유리왕 때부터 왕을 '이사금'이라고 불렀다. 이사금은 '차차웅'처럼 신라에서 사용하던 왕의 다른 호칭이다. 탈해보다 이가 많아 왕위에 오른 유리왕은 어떤 임금이었을까?

유리왕은 나라 안을 두루 살피면서 누구도 굶주리는 사람 없이 보살피는 지혜롭고 어진 임금이었다. 왕위를 잇게 한 치아에는 인상학적으로는 어떤 의미가 있는지 살펴본다. 인상학에서도 예전에는 입안이 꽉 차도록 치아가 많으면 귀격으로 보았고, 치아의 숫자로 신분을 대변하기도 했다.

위아래를 합쳐서

38개 이상이면 왕후의 상,

36개 이상이면 재상 또는 거부의 상,

34개가 되면 중품 이상으로 국록을 먹게 되며,

28~30개는 보통 사람의 상이나, 이가 희고 맑고 윤택하면 재복이 있다 보았고,

28개 이하는 빈천한 상이고,

24개 이하는 가난을 면하기 어렵다고 했다.

고대 중국 역사상 가장 살기 좋은 태평성대를 이루었다는 요순시대의 요임금은 치아가 38개였다고 한다. 입은 말년운을 보지만 치아에서는 초년의 부모운을 본다. 앞니는 부모자리여서 겹치거나 비뚤게 나면 부모와의 관계나 인연은 약하다. 윗니는 사회생활을, 아랫니는 사생활을 말한다. 앞니가 반듯한 사람은 신용이 있고 일의 마무리를 깔끔하게 처리하고, 아랫니가 반듯하고 틈이 없으면 끈기와 지구력이 있다.

치아가 옥수수 알맹이나 석류알처럼 촘촘하게 꽉 차 있으면, 부모인 자신과 자녀의 공부운이 좋다고 보기도 한다.

건강한 치아를 오복 중 제일이라고 하는 것은, 음식을 씹을 때의 저작능력 때문이다. 그러니 치아는 촘촘하고 견실해야 한다. 몸에서 유일하게 볼 수 있는 뼈가 바로 치아다. 살이 음이라면 치아는 양이어서 치아를 통해 몸의 양기를 알 수 있고 성격도 알 수 있다.

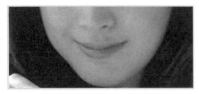

탤런트 김태희의 다문 입모양 · 탤런트 김태희의 웃을 때 입모양

탤런트 김태희는 치아가 커서 양의 기질이 강하다. 입을 다물고 있으면 가녀리고 청순해서 보호본능을 일으키지만, 큰 치아를 보이게 웃을 때는 강인한 모습이다. 여성스럽고 사랑스런 모습만 보여주던 그녀가 드라마 〈아이리스〉에서 데뷔 후 처음으로 몸을 사리지 않는 액션 연기를 선보였다. 덩치가 몇 배나 큰 배우들을 상대로 17시간 동안 쉬지 않고 액션 연기를 해냈는데, 다른 액션 배우들조차 녹초가 될 정도의 촬영에서 힘든 내색 한번 없이 거뜬히 마쳤다. 스태프들까지 놀라게 한 강인한 체력은 그동안 가녀린 외모에 숨겨져 있었던 바로 큰 치아에서 나오는 것이다. 이의 크기는 적극성과 건강 그리고 힘을 나타낸다. 치아가 크고 고르면 어려움 앞에서도 꿋꿋하게 헤쳐 나가는 힘이 있다. 앞니가 크면 자기주장이 강하고 체력도 좋으며 마음도 넓다.

고른 치아도 많이 참고 어금니를 깨무는 인고의 시간이 많으면 틀어진다. 치열이 심하게 고르지 않다면 교정해 주는 것이 좋다. 엉성한 치아는 모든 일을 처음 계획한대로 끝까지 못하고 작심삼일作心三日이 되게 한다.

송곳니를 포함해서 치아 전체가 작고 가지런한 사람은 이기적인 편이다. 구두쇠 소리를 들을 만큼 돈에 대해서는 철저하지만 실속파다. 남자의 이가 너무 잘면 상대하기 어려울 만큼 소심하다. 뾰족한 송곳니는 자기가 원하는 것을 끝까지 해내는 근성이 있다. 송곳니가 너무 뾰족하면 성질이 사납다. 뿌리가 깊고 튼튼해서 가장 오래 남는 송곳니를 보기 싫다고 쉽게 빼서는 안 된다.

- 뻐드렁니 – 입담이 좋고 수단도 좋으며 재물운이 있는 편이다. 입담이 좋은 대신 말로 인한 구설수가 있을 수 있기 때문에 주의하는 것이 좋다.

- 옥니 – 내성적이어서 속을 알 수 없다. 기를 안으로 응축시켜서 지독하고 뒤끝이 있으며, 말하기보다 생각을 많이 하면서 입을 앙다물다보니 옥니가 되는 것이다. '옥니는 우물물도 나누어 먹지 않는다'는 말이 있듯이 인색한 편이다.

약간 누런 치아에는 재복이 있는데 최근에 갑자기 누래진다면 운기가 떨어지는 것으로 본다. 활짝 웃는 모습이 유난히 예쁜 사람은 아름답게 웃는 모습에서 자신감은 물론이고 당당함까지 볼 수 있다. 반면에 입을 손으로 가리거나 크게 벌리지 못하고 쭈뼛거리며 웃는 사람도 있는데, 이것은 가지런한 치아에서 나오는 자신감의 차이다. 윗니만 조금 보이면서 웃는 사람은 가식적으로 보이나, 개그맨 박수홍처럼 아래윗니가 다 보이게 웃으면 진심이 느껴진다. 웃을 때 잇몸이 보이면 속을 털어 놓는 편이어서 이런 사람과는 빨리 친해진다.

말을 할 때 이가 어떻게 보이느냐로 사람을 판단할 수 있다.

김영삼 전 대통령처럼 연설할 때 윗니는 보이지 않고 아랫니만 보이면, 내 주장은 강하게 어필하지만 거만해 보인다. 대개 거부나 높은 자리에 오른 사람 중에서 볼 수 있다. 활짝 웃을 때는 치아가 많이 보일수록 좋지만, 말할 때는 보이지 않아야 좋다.

치아가 가지런하면 가정에서 늘 웃음소리가 떠나지 않는다. 보이지 않는 가정의 복內福이 있기 때문인데 입모습까지 단정하다면 금상첨화다. 치아가 고르면 어디서도 없어서는 안 될 필요한 사람이며 일 처리도 깔끔하다. 반듯하고 고른 치아를 가지고 있는 사람 중에는 성공한 사람이 많다. 오복五福 중의 하나요, 보이지 않는 가정의 복까지도 선물하는 치아는 잘 간직해야 할 보물임에 틀림없다.

법령은 때론 운명도 바꾼다
미국 대선후보 롬니 vs 오바마

롬니는 좋은 집안에 백인으로 태어난 모든 조건이 오바마보다 훨씬 좋은 파워엘리트 출신이다. 롬니가 오바마에게 패배한 원인을 인상학에서 찾아본다면 두 사람의 법령에서 원인을 찾을 수 있다. 오바마가 56세, 롬니는 70세다. 오바마의 뚜렷한 법령에 비해 롬니는 아주 약하다. 나이가 들었다고 법령이 뚜렷한 것은 아니다.

1차 TV토론회에서 롬니가 당선되는 게 아닌가 하는 때에 태풍 샌디가 미국을 강타했다. 악천후를 뚫고 헬기로 현장에 가서 진두지휘하며 수습하는 오바마의 위기관리 능력에 큰 박수를 보냈다. 그 일로 인해 상황은 다시 뒤집혀 오바마에게 유리하게 돌아갔다. 반면, 이전에 재난 예방 및 대책에 관련된 부서를 축소하겠다고 말한 롬니에게는 치명타가 되어 태풍 샌디는 악재가 되었다.

선거운동을 할 때도 롬니의 진영이 중심을 못 잡고 갈팡질팡하는 것에 비해 오바마는 조직을 창설하고 유권자들을 통해 엄청난 선거자금을 벌어들였다. 자발적이고 적극적으로 그를 돕고 따르는 사람들이 많이 있음을 보여주었다. 이런 모습은 정치가와 조직의 장으로서의 능력을 여지없이 입증한 것이다. 선거운동기간 내내 원칙과 소신을 가지고 자기관리, 일관리, 사람관리를 분명하고 정확하게 해냈음을 말한다. 이런 것들은 법령이 뚜렷한 사람만이 할 수 있는 행동이다.

버락 오바마와 롬니의 법령

롬니처럼 법령이 없거나, 너무 옅으면 자기입장에서만 유리하게 생각하는 경향이 있다. 정치인이면서 기업인인 그는 선거운동 기간 중에 세금보고 내역을 공개하지 않았다. 세금문제로 그의 정직성이 구설에 올랐는데 법을 지키지 않았던 것이다. 초반에 강력한 후보로 롬니가 꼽혔지만 그 여세를 몰고 가지 못하고 결국은 오바마에게 대통령의 자리를 내어주고 말았다. 롬니는 법과 원칙에서 벗어난 행동을 했고 조직에서도 밀렸으며 운도 따라주지 않았다. 오바마의 뚜렷하고 넓은 법령은 그를 두 번이나 대통령 선거에서 승리하게 해주었다. 선거와 같은 큰일을 앞에 두고 결과를 예측할 때는 강한 운이 있는 찰색(얼굴색)과 함께 법령을 보는 것도 좋은 방법이다.

법령法令은 법을 관장하는 자리로 20대에 옅은 주름이 생기기 시작하여 40세가 지나면 뚜렷해진다. 콧방울의 바로 위에서 시작하여 주름이 뚜렷하고 여덟 팔八자로 퍼지면서 입술의 중심선보다 조금 아래에서 끝나 '팔자주름'이라고도 한다. 점점 옆으로 넓어지면서 적당히 뚜렷한 법령은 입신출세하는 좋은 상으로 본다. 따르는 사람이 많아서 부하운도 좋고, 가정운 역시 좋다. 직업의식과 프로의식 같은 자립심을 나타내므로 40대가 지난 남성에게 법령은 꼭 있어야 한다. 법령이 짙은 사람은 말 한마디로도 사람을 움직이게 하는 힘이 있다. 세상에 태어나서 무엇인가 이루어 낸 사람의 얼굴에는 길고 뚜렷하게 자리잡은 법령이 있다. 그래서 법령은 50세가 지나면서 권세와 권위의 상징이 된다. 정치가, 기업의 임원, 조직의 리더라면 지지해주고 따르는 아랫사람이 많고 존경받는 위치에 있다.

대중의 인기를 먹고 사는 인기인이라면 좋아하는 팬들이 많음을 의미한다. 만약 법령이 없다면 나이가 들어도 그러한 힘을 부릴 수 없다.

나이가 많아도 법령이 없는 사람이 있고, 20~30대의 젊은 나이에도 뚜렷한 사람이 있다.

6세부터 아동복 모델로 데뷔한 배우 장근석은 이제 30세인데 법령이 아주 뚜렷하다. 이렇게 20~30대에 뚜렷하면 누가 시키지 않아도 자기 일은 스스로 알아서 한다. 자립심이 강해서 일찍부터 직업전선에 뛰어들어 돈은 벌지만 너무 일찍 고생한다.

반대로 40세 중반이 넘어도 법령이 없는 사람은 운도, 세상의 평가도 일정치 않다. 욕심은 없고 일의 재미만 추구하다보니 안정된 직업이 없는 것이다. 원칙과 소신이 없이 자유롭고 자유분방하게 사는 것을 좋아해서 철부지처럼 보이기도 한다.

따라서 중년 이후의 직업운은 법령에서 본다. 법령은 누구나 보기 쉽지만 40세가 넘어야 뚜렷하게 나타난다. 젊은 사람이 웃을 때 생기는 입가의 주름이 나중에 법령이 되므로 대충 가늠할 수 있다.

그러나 칼로 그은 듯이 너무 짙으면 고지식하고 소신이 지나쳐서 고집불통이다. 지나친 자기주장으로 타협할 줄 모르고 호불호가 분명해서 내 편, 네 편으로 편을 가르기도 한다. 한번 정한 원칙은 변하지 않아서 자신에게도 엄격하지만 주변 사람들에게도 매우 엄격하다.

여성의 법령이 뚜렷하면 똑 부러지는 성격으로 주부로만 있기보다 직업을 갖는 게 좋다. 법령이 뚜렷한 엄마는 자식을 엄하게 키워서 자식은 잘되지만 자식과의 인연은 약해질 수 있다. 너무 원리원칙만 따지면서 빈틈없이 살다보면 나중에는 외로워지므로, 여성은 적당히 짙으면서 은은해야 좋다.

여성들이 동안으로 보이기 위해 가장 손대고 싶어 하는 곳이 법령이다. 그러나 법령을 없애면 안정된 직업도 없어지고 따르는 사람들도 어느새 멀어질지 모른다. 좌우의 길이가 다르면 직업이 일정치 않아서 이것저것 안 해본 일이 없음을 말한다. 길어야 좋지만 다소 짧아도 양쪽의 길이가 가지런하면 괜찮으며, 두 줄 또는 세 줄이 있다면 본업 외에 다른 부업이 있다고 보기도 한다.

법령은 소적笑跡이라고 해서 '웃음이 남긴 흔적'이다. 八자로 길게 뻗은 법령은 그냥 생기는 게 아니라 미소가 만든다. 미소 정도가 아니라, 치아가 다 보이도록 크게 웃어야만 생기는 것이다. 좋은 법령을 만들고 싶으면 크게 많이 웃어야 한다.

좋은 운을 기다린다면 파안대소하라! 웃을 때 생기는 탄력 있는 근육이 주름을 옆으로 밀어내고 그 자리에 오히려 八자의 좋은 법령이 만들어진다. 좋은 법령이 좋은 운을 부른다는 사실을 명심하자.

바람둥이 피카소의 넓은 인중

파블로 피카소의 작품 세계를 이야기할 때면 빠짐없이 그가 사랑했던 7명의 여인들이 등장한다. 첫 번째 연인인 페르낭드 올리비에부터 마지막을 함께한 자클린 로크까지, 그는 열정적으로 수많은 여인들과 함께했다. 아마 피카소에게 에로스는 모든 창조의 샘이었던 것 같다. 평론가 존 리처든슨은 피카소를 보고 '예술은 섹스의 변형이고, 섹스는 예술의 변형이다'라고 말했을 정도였다.

거의 10년마다 연인을 바꾸며 비상식적인 동거를 하고 그녀들을 통해 영감을 얻었다. 연인들을 모델로 그림을 그렸기에 피카소의 그림에는 유독 여인의 그림이 많다. 피카소의 말기 작품에는 포르노그래피의 경계까지 나아갔다. 그는 여인을 통해야만 창작도, 삶의 의욕도 생겼던 것 같다. 피카소가 45세일 때는 17세 소녀인 마리 테레즈와, 63세일 때는 20세인 프랑스와즈와 동거하고 자식도 낳았다. 로리콘이란 말을 들을 정도로 여성 편력이 상당히 심했던 피카소, 위대한 천재인 피카소의 이런 능력은 어디서 나오는 걸까?

파블로 피카소의 인중

피카소는 40세에 대단한 부자였으며 65세 이후에는 억만장자가 되었고, '나는 피카소야'라고 말할 만큼 화가로서 유명세를 떨쳤다.

그는 엄청난 돈, 잘생긴 얼굴, 매력적인 말솜씨까지 있었으니 그 정도의 연인들은 당연했을까? 이런 자신감과 함께 피카소의 얼굴은 잘생기기도 했지만 남자의 힘이 넘쳐 보인다. 튼실한 코는 정력이 강하고, 인중이 넓으면 성적욕구가 강하고 섹스를 좋아한다. 그래서인지 피카소는 끊임없이 새로운 여인을 찾아서 모델로 세우고, 동시에 자신의 연인으로 만들었다. 그의 여인들은 피카소가 가진 조건으로 자신들의 허영심을 채웠고, 피카소는 93세까지 사는 동안 여인들을 섹스와 예술의 영감에 이용했다.

피카소의 여성편력은 인중이 넓으면 호색꾼이라는 속설이 생기는데 한몫했으나, 인중에서 정력만 보는 것은 아니다. 인중이란, 코와 입 사이에 물방울처럼 패인 홈을 말하고 수명, 가문, 자손, 성격을 본다. 인중은 중년을 지나 말년의 출발점이고 인중의 홈은 51세의 운기에 해당된다. 인중의 좌우인 52~53세까지 포함하여 인중이 좋으면 말년을 안정되게 시작한다.

재물복을 말하는 코에서 많은 부를 쌓았어도 인중이 약하면 복은 제대로 이어지지 않는다. 50대는 건강과 금전적인 문제, 사회적인 위상의 변화, 자녀의 결혼 등에 따른 가족의 변화 등이 집중적으로 일어나는 시기여서 인중을 또 하나의 변화궁으로 본다. 적당한 길이에 뚜렷한 홈이 있되 홈의 모양은 위에서 아래로 내려오면서 넓어져야 좋은 인중이다. 긴 물방울 모양으로 홈이 뚜렷하게 잘생긴 인중에는 남모르는 복이 있다. 인중의 홈이 흐릿하거나 없으면 결단력이 부족하고, 코 아래가 편편하고 인중의 홈이 거의 없으면 자녀와의 인연도 약하다고 본다.

인중이 길고 홈이 뚜렷하면 자녀가 많으며 자녀복도 좋다. 김수환 추기경의 인중은 보통 사람보다 훨씬 길다. 성직자여서 친자녀는 없지만 대자大子와 따르는 사람들이 많아서 자녀가 많은 것으로 본다.

인중이 길면 느긋하게 세상을 관조하는 성격이어서 성직자에게는 잘 맞는 좋은 인중이다. 반대로 인중이 짧거나 짧아 보이면 성격이 급하고, 성격이 급하면 인중이 더 짧아진다. 특히 말을 급하게 하면 윗입술이 말려 올라가서 인중은 점점 짧아진다. 인중의 길이는 자신의 턱의 길이에 비례한다.

턱의 1/2 정도면 적당한데 턱이 아주 짧다면, 턱의 길이와 비슷하게 보면 된다. 배우 박중훈처럼 코끝이 뾰족하거나 내려오면, 실제의 인중보다 짧아 보이는데 인상은 보이는 대로 기를 주고받기 때문에 짧은 인중으로 본다. 인중의 길이는 수명과 비례하여 인중이 길면 수명도 길고, 인중이 짧으면 수명이 짧다고 본다. 인중이 너무 짧으면 출산 시 어려움을 겪는 등 여성의 경우 생산 능력으로 보기도 한다. 인중이 짧은 여성이 늘면서 점점 자녀의 수가 줄고, 자연분만보다는 수술이 많아지는 것은 이와 무관하지 않다.

좌우에 있는 법령(미소선) 안쪽의 인중 부위를 식록궁이라고 한다.

곡식을 쌓아 놓는 마당으로, 식록궁은 가로 세로가 넓고 두툼해야 먹을 복이 많다. 인중과 인중 부위가 좋으면 50대의 삶은 재물이나 자녀 문제에 걱정이 없고, 빰과 턱까지 좋다면 풍요로운 말년이 기다리고 있다. 현대 기아 차의 정몽구 회장이 좋은 인중과 식록궁, 빰과 턱을 가지고 있다.

정몽구 회장의 인중과 식롱궁

인중 부위에 있는 점은 곡식창고에서 곡식이 새어나가지 못하도록 지켜주는 좋은 점이다. 배우 오달수처럼 거무스름한 수염 속에 팥알 만한 크기의 점이나 사마귀가 있다면, 해당하는 시기에 좋은 일이 있다고 볼 수 있다.

어떻게 하면 인중이 넓고 두툼해질까? 거울을 보고 활짝 웃으면 입술산이 벌어지면서 입 주위 근육에 탄력이 붙고 근육의 방향도 바깥으로 퍼지면서 넓어지게 된다. 얼굴근육은 사람들의 정서와 정신 상태의 영향으로 활동한다. 사람들은 저마다 다른 일생을 갖고 있는데 편안하고 순조로운 일생, 고생스럽고 힘든 일생이 있다. 다른 일생은 얼굴근육에 다른 운동 흔적을 남긴다. 우리는 얼굴근육의 흔적을 보고 그 사람의 살아온 일생 또는 지금 처한 상황을 짐작하게 된다.

탤런트 전원주는 너무 힘들어서 시장에서 장사하는 아주머니의 웃음에 감명을 받아 6개월 웃음연습을 한 이후부터 일복이 터졌다고 한다. 그때 나이가 60세였다. 이처럼 웃다가 건강해지고 웃다가 성공하고 웃다가 행복해진다는 말이 있다. 지금부터 인중에 주름이 있다면 입술 주위 근육을 활짝 늘려보자!

머리카락에서 나오는 괴력

구약 성경에 나오는 유대인의 영웅 삼손은 힘이 천하장사였다. 중국에서 '항우'가 장사라고 하지만 '삼손'에 비하면 어린아이 수준이다. 인류 역사에 힘센 장사가 동서양에 많이 태어났으나 삼손 같은 힘을 발휘하지는 못했다. 괴력의 사나이 삼손은 자신에게 있는 힘의 비밀을 부모에게도 알려주지 않았다.

그러나 유대인의 적인 블레셋의 창녀 데릴라는 온갖 애교와 눈물로 그를 구슬렸고 순진한 삼손은 그녀의 유혹에 넘어갔다. 드디어 데릴라는 긴 머리카락에서 힘이 나온다는 사실을 알아내고 삼손의 머리카락을 자른다. 삼손은 눈이 뽑히고 포로가 되어 감옥에 감금되었다.

감옥에 있는 10년 동안 삼손의 머리카락은 계속 자랐지만 아무도 눈여겨보는 이가 없었다. 어느 날 삼손을 끌어내서 희롱했는데, 이미 눈이 먼 삼손은 거대한 팔레스타인 사원의 기둥을 잡고 자신의 마지막 힘을 써서 무너뜨린다. 삼손과 데릴라의 머리카락에 대한 이야기는 오페라와 영화로도 소개되어서인지 종교와 관계없이 많이 알고 있다.

'머리카락에서 그런 힘이 정말 나올 수 있을까?'라는 생각이 들 수도 있다. 그러나 인상학에서도 머리카락에서 건강과 에너지를 보고, 그 사람의 성격과 특성을 본다. 그리고 머리스타일로 그 사람의 정신 상태를 본다.

축구선수 기성용의 머리카락

잉글랜드 프리미어리그의 스완지 시티에서 활약하고 있는 기성용 선수가 그라운드를 뛸 때는 굵고 숱 많은 앞 머리카락이 전부 서있는 사진을 볼 수 있다. 대체 불가능한 대한민국 최고의 미드필더 기성용의 지치지 않는 강한 힘은 굵고 숱 많은 머리카락에서 나오는 것이다. 이런 머리카락을 가진 사람은 건강도 타고났고 자신감도 넘친다. 웬만해서는 타협하지 않는 고집과 어떤 상황에서도 변하지 않는 의리가 있다. 돼지털이라고 하는 억세고 빳빳한 머리카락은 체력이 아주 강하지만 너무 억세면 삶도 억세고 힘들어질 수 있다. 운동선수나 몸을 쓰는 직업에 많고 정력도 뛰어나다.

여성의 경우는 적극적이어서 편안한 삶보다 밖에서 일하는 삶을 선택한다. 반대로 머리카락이 너무 가늘고 힘이 없으면 자기주장이 명확하지 않고 몸도 허약한 편이다.

추운 지방 사람들의 머리카락은 뻣뻣하고, 더운 지방 사람들의 머리카락은 부드럽고 숱이 적다. 기온과 체열발산과의 상관관계 때문일 것이다. 부드럽고 윤기 있는 머리카락은 성정도 부드러우며 정서적이고 창조성도 뛰어나다. 윤기 나는 머리카락을 가진 사람은 운기도 강하고 유연하며 여유 있고 편안한 생활을 한다. 적당한 숱에 윤기 있는 머리카락은 건강도 성격도 좋다. 남성은 가정적이고 섬세하며, 여성은 남편에게 순종형이며 미적센스도 뛰어나고 가정생활이 원만하다.

윤기 없이 푸석푸석한 머리카락은 영양, 신기, 혈기가 부족하다. 이런 경우에는 건강 상태도 좋지 않고 현재의 생활도 재미없음을 알 수 있다. 숱이 너무 적고 까칠하면 초라해 보이고, 10년 이상은 늙어 보인다.

- 새치 – 한계를 뛰어넘을 정도로 두뇌를 사용했을 때 생긴다. 그만큼 근성과 끈기를 갖고 노력한 결과인지 새치가 많으면 운도 좋다고 본다.
- 지나치리만큼 빽빽하게 숱이 많은 머리 – 고집이 너무 강해서 조직에서는 윗사람과 충돌이 있고 운도 막힌다.
- 약간의 곱슬머리 – 욕심이 많아서 부유하게 살지만, 외고집 때문에 대인관계에서 마찰이 있을 수 있다.
- 곱슬이 아주 심한 머리 – 결혼운이 약하고 인생에 역경이 많다.

안철수 국민의당 대표는 더불어 민주당 탈당 이후 머리스타일을 바꿔서 이슈가 되었다.

처음으로 이마를 보이게 된 계기라고 한다. 이렇게 사람들은 중대한 결정을 내릴 때나 무언가 변화를 주고 싶을 때 제일 먼저 머리스타일을 바꾼다. 머리스타일은 곧 마음의 상태를 보여주기 때문이다.

머리스타일을 너무 복잡하게 하고 다니는 사람은 머릿속도 복잡하다. 남자의 머리가 여자처럼 길면 여성화된다고 보고, 여성의 머리가 유난히 짧으면 성격도 단순하다. 머리스타일이 단정하고 차분한 사람은 윗사람도 잘 모신다.

긴 머리를 높이 묶는 여성은 의욕적으로 일을 하는 타입이고, '나는 지금 신나고 재미있다'라고 보여주는 것이다. 반면에 눈끝이 올라가도록 당겨서 묶으면 남한테 지기 싫어하는 성격이다.

남녀 모두 동안으로 보인다고 이마를 많이 가리면 답답해 보인다. 특히 10대 청소년들은 머리카락으로 눈썹까지 덮는 스타일이 유행이다. 이마는 생각하는 자리이기 때문에 이마를 너무 덮으면 생각 없는 사람으로 보인다. 면접 보는 자리나, 윗사람 앞에서는 이마를 드러내는 게 좋다. 이마를 다 드러내면 아는 것이 많아 보이고 영민해 보인다. 예전에는 남편을 출세시키려면 여성의 이마를 내놓는 게 좋다고 했으나, 요즘은 애교머리 정도는 약간 내리도록 권한다. 결혼한 여성의 이마는 남편을 나타내므로 앞머리를 살짝 내리는 것은 남편을 존중하고 남편의 기를 살려 준다는 의미도 된다.

머리를 다듬는 것은 마음을 다듬는 것이다. 머리카락에는 그 사람의 에너지와 기질이, 머리스타일에는 기분과 심리가 들어있다. 건강하고 컨디션이 좋으면 머리카락에 윤기가 나고 숱도 많아지는데, 힘들고 피곤하면 금방 부스스해지고 탈모로도 이어진다. 인상학에서는 머리카락을 숲과 나무로 본다. 아름다운 숲은 아름다운 나무가 있어야 가능하다. 좋은 땅에서 자란 나무가 잎이 무성하듯, 몸의 기혈이 좋아야 건강한 머리카락으로 아름다운 숲을 이루는 것이다. 머리카락 한 올도 소중할 뿐이다.

주름은 인생의 기록

이탈리아 영화배우 안나 마니냐가 늙어서 사진을 찍었다. 사진을 찍기 전에 그녀는 걱정스러운 얼굴로 사진사에게 조용히 이렇게 부탁했다.

"사진사 양반, 절대 내 주름살을 수정하지 마세요."

사진사가 그 이유를 묻자, 안나 마니냐가 이렇게 대답했다.

"그걸 얻는데 평생이 걸렸거든요!"

주름에는 자신이 치열하게 꿈꿔온 모든 기록이 담겨 있다. 꿈을 가진 사람만 이해할 수 있는 이야기다. 주름은 가급적 없는 것이 좋겠지만 어떻게 없을 수가 있겠는가?

대부분의 주름은 인생살이 하면서 기록으로 남는 것이다. 주름 중에는 잘 살아왔음을 보여주는 것도 있고, 없애고 싶은 주름도 있다. 나이가 들어가면서 누구나 조금씩 생기게 마련인 피부의 노화 현상인 주름을 인상학에서는 어떻게 해석할까?

'찢어지게 가난한 집안, 상고 졸업, 막노동을 하며 독학으로 사법고시 합격, 인권 변호사로 궁핍한 생활, 평탄치 않은 야당 정치인, 고졸 출신 대통령이라는 역전 드라마를 씀'

이것은 노무현 전 대통령의 인생 이력서다. 그가 치열하게 살아온 인생의 기록을 얼굴에서 찾는다면 이마에 그대로 남아있는 난문이다. 난문은 이마에 있는 여기 저기 끊어진 주름을 말하는데 고생스럽게 살아왔음을 보여준다.

대통령 취임 직후의 사진을 보면 얼굴 전체에 탄력이 생기고 이마에는 살이 붙어서 난문은 거의 보이지 않았다. 취임 후에는 오히려 스스로의 노력으로 대통령까지 오른 것을 말하는 인문인 한 일一자의 뚜렷한 주름만 보인다. 대통령이 되기까지의 모든 인생 역경을 이겨낸 훈장과도 같은 주름이다.

취임 2년차에 터진 대통령에 대한 탄핵소추는 헌정사상 처음 있는 일이었다. 당선 후 밝고 환해진 얼굴이 탄핵으로 다시 탄력이 떨어지더니 예전의 난문이 다시 선명하게 나타났다. 다행히 탄핵은 기각이 되면서 얼굴에 탄력이 붙어 이마의 난문도 다시 옅어졌다. 그 당시에는 쌍꺼풀 수술로 날카로운 눈매가 부드러워지고 전체적인 인상도 한결 세련되었다. 재임 기간 5년 중 고난, 영광, 위기를 겪으면서 그때마다 얼굴과 이마의 주름도 같이 변해갔다.

노무현 전 대통령의 이마에 있는 주름에는 한 인간의 고단했던 삶이 고스란히 기록되었다. 이마가 좁으면 대개 이마의 살집이 두껍다.

이렇게 두꺼운 이마에는 깊은 주름이 생기는데 가로로 길게 끊어지지 않는 주름에는 각각의 명칭이 있다.

그리고 주름이 있으려면 40세 이후에 삼문三紋:세 줄의 일자형 주름이 있어야 좋다. 맨 위의 주름이 천문天紋, 가운데가 인문人紋, 아래 주름이 지문地紋이다.

천문 - 부모나 윗사람과의 관계

인문 - 스스로의 노력으로 성공함

지문 - 자손이나 아랫사람과의 관계

세 줄의 주름이 모두 끊어지지 않고 분명한 일一자형이면 일생동안 의식주 걱정을 하지 않는다는 성공을 상징하는 주름이다. 부러움을 받는 성공한 상이라고 하나 그런 주름을 가진 사람은 많지 않다. 이마의 주름이란 원래는 살殺인데 그만큼 역경을 이겨냈다는 의미다.

여성보다 남성들의 미간에는 대개 세로의 주름이 있는 경우가 많다. 미간의 주름에서도 그 사람의 성격을 알 수 있다. 세로주름은 사고방식이 지나치게 고지식하고 완고한 사람한테 유독 깊게 생긴다.

한 가지 일에 몰두하고 고뇌하며 살아온 사람한테 잘 생겨서 '전문가 주름'이라고는 하나 날카롭고 까다로워 보인다. 좋은 인상을 만들고 싶으면 미간의 주름은 없어야 한다.

'코로 웃지 마라'이게 무슨 말일까? 콧잔등에 여러 개의 잔주름이 생기는 사람이 있다. 간에 이상이 있을 때도 생기지만 주로 웃을 때 생기는데 고생스런 주름이다.

여성의 경우 남편 대신 가정을, 부모 형제를 책임져야 하는 가장의
역할을 해야 하기 때문이다. 특히 여성 연예인 중에서도 자주 볼 수
있는 이 주름은 없는 것이 좋다. 코로 웃지 말고 웃음은 입과 눈으로
웃어야 한다. 웃으면 눈가에 주름이 생긴다며 손가락으로 눈가를 잡고
웃는 여성들이 있다. 이 주름은 피부가 얇거나 눈이 큰 사람한테서 많
이 볼 수 있는 주름이다. 오히려 이런 주름은 많이 웃고 살았다는 증거
여서 전체적인 인상은 웃는 얼굴이다.

그러나 눈가에 굵고 깊게 패인 주름은 부부 사이를 보는 자리이기
때문에 좋지 않다. 인중에 가로주름이 있으면 자식이 없거나 또는 자
식 때문에 늘 노심초사하며 염려되는 일들이 일어난다고 본다.

요즘은 해외유학이나 학교 문제, 직장 문제로 자녀와 떨어져 살면서
멀리 있는 자식 걱정을 해야 하는 것으로 해석하는 경우가 많다.

마더 테레사 수녀의 주름

노벨평화상 수상자인 마더 테레사 수녀는 온 얼굴에 주름투성이다.
이런 주름은 평생을 희생과 봉사로 헌신하고 이름도 날렸지만 그만큼

고생도 했음을 의미한다. 입 주변까지 주름이 가득한데 이는 가난하고 불쌍한 이웃을 도와주려면 돈이 필요하지만 쓸 돈이 없었다는 것을 뜻한다.

마흔이 넘으면 이마를 시작으로 주름이 생기는 게 일반적이다. 그런데 60세가 되었는데도 주름이 없는 사람이 있다. 현재 일본 최고의 재벌인 소프트뱅크의 손정의 회장의 얼굴에는 주름이 거의 없다. 좋은 환경에서 즐겁게 일했기 때문이기도 하지만, 얼굴의 주름살은 피부의 탄력 정도에 따라 영향을 많이 받는다.

그러나 요즘 사진을 보면 이마와 눈가, 뺨까지는 주름이 없는데 입술 밑으로 턱을 보면 탄력이 떨어진다. 지나치게 팽팽하고 탄력 있는 얼굴보다 나이에 맞게 주름이 조금 있는 것이 더 자연스럽고 인생의 깊이가 느껴진다. 그러나 입을 기준으로 위와 아래의 피부 탄력에 차이가 나면서 턱에만 주름이 생긴다면 부자연스러울 수 있다.

눈가에 진한 부채 주름이 잡히고 거뭇한 기미가 눈에 들어오는 국민 배우 안성기는 주름에 대해 이렇게 말한다.

"배우는 주름이 있어야 해요. 물론 피곤하고 노쇠한 느낌을 주는 주름은 싫죠. 근데 그게 인생인 걸 뭐……."

그렇다. '인생의 기록'을 어떻게 피할 수 있을까? 인위적인 방법으로 주름을 없애는 것보다 내면을 가꾸고, 속의 에너지를 챙기는 것이 중요하다. 내면에 힘이 있으면 에너지가 속으로부터 밖으로 나오는 거니까.

인당에 감춰진 비밀

1968년 작은 섬 스코르피오스에서 지구촌의 관심을 모은 잔치가 열렸다. 선박왕인 애리스토틀 오나시스와 미국의 퍼스트 레이디였던 재클린 케네디가 결혼한 것이다.

재클린 케네디의 인당

당시 오나시스는 세계적인 갑부였고 재클린은 1963년 암살당한 35대 미국 대통령 존 F. 케네디의 미망인이었다. 미국 역사상 가장 젊은 영부인이 되었던 재클린은 우아한 기품을 가진 퍼스트 레이디로 미국민의 사랑을 한 몸에 받았다. 그러나 그녀는 165센티의 작은 키에 외모도 별 볼일 없던, 23세나 연상인 오나시스와 재혼한 것이다.

1960년 당시에는 미국에서도 파격적인 결혼이었다. 케네디를 흠모하고 사랑하는 미국인들에게 재클린과 오나시스의 결혼은 충격적이었고 세상은 한바탕 떠들썩했다. 어떻게 이런 결혼이 가능할까?

그뿐만이 아니다. 오나시스와의 순탄치 않은 결혼생활로 이혼을 준비 중, 오나시스가 갑자기 사망했다. 막대한 금액의 상속금을 가지고 부유한 생활을 즐기며 조용히 칩거할 것으로 예상했으나, 재클린은 보통의 상식으로 이해할 수 있는 여성이 아니었다.

뉴욕에서 벨기에 출신의 보석상인 모리스 템펠스만과 교제하기 시작했다. 재클린의 전기를 쓴 작가의 주장에 의하면 케네디 사망 후, 재클린은 여러 명의 할리우드 스타 배우들과도 교제했었다고 한다.

재클린을 보통의 상식으로 이해할 수 없다면 인상학적으로는 어떻게 이해할까? 바로 그녀의 인당(미간)에서 답을 찾을 수 있다.

재클린의 인당은 광활할 만큼 넓어서 그녀는 자유로운 영혼이고, 자유분방한 삶을 추구하며, 예측불허의 행동도 할 수 있고, 파격적인 결혼도 할 수 있다. 그녀의 넓디넓은 인당과 함께 눈과 눈 사이도 넓어서 성에 대해 더 개방적이다. 재클린의 크고 두툼한 입술이 말해주듯 육감적이고, 눈썹이 짙어서 성격은 정열적이고 화끈하다. 이런 사람은 사랑을 해도 섭씨 40도의 불타는 사랑을 한다.

프리다 칼로의 인당

반면에 프리다 칼로는 고독과 고통, 자존심이 입은 상처를 자화상으로 그려낸 멕시코 화가다. 6세 때 소아마비를 시작으로 그녀의 불행은 시작되었다. 18세에 교통사고로 32번의 수술을 해야 했고, 평생을 지지대와 몰핀으로 살았다. 멕시코의 유명한 화가였던 디에고 리베라와 결혼했으나 바람둥이였던 리베라는 그녀의 여동생과의 불륜까지 저질러 칼로에게 씻을 수 없는 상처를 주었다.

남편의 마음을 붙잡기 위해 만신창이의 몸으로 아이를 가지려 했지만 세 번 모두 유산이 되었다. 자존심과 강인함으로 모든 것을 이겨내고 그림으로 고통을 승화시키며 몸부림쳤으나, 더 이상 버티지 못하고 47세에 스스로 생을 마감했다.

칼로의 불행한 삶을 인상학에서 찾는다면 잔털로 이어진 인당에서 찾을 수 있다. 짙은 눈썹을 완전히 붙여서 그린 칼로의 자화상을 처음 보면 혐오감을 느낄 정도로 섬뜩하다. 그러나 상대적으로 그녀의 고통이 얼마나 큰 것이었나를 알 수 있다. 그림에서라도 눈썹과 눈썹 사이를 조금은 넓게 그릴 수도 있었을 텐데 왜 그랬을까? 어쩌면 칼로는 자신의 운명을 내다보면서 자화상을 그렸을지도 모른다.

인당을 '운명의 척도'라고도 하는데, 눈썹과 눈썹이 붙으면 인당이 없는 것으로 본다. 감정이나 정신상태 등을 나타내는 '제3의 눈'인 인당은 길흉화복을 보고 긍정적인 또는 부정적인 기운이 전부 모이는 곳이다. 부정적인 기운 때문에 정서적으로 불안했던 프리다 칼로는 자신의 삶을 비관한 것이다. 자신은 아무것도 이룰 수 없고 아무것도 가질 수 없는, 고통스런 삶을 살 수밖에 없는 불행한 인생이라고 말이다.

동시대에 태어나 불꽃같은 삶을 살다 간 재클린 케네디 오나시스와 프리다 칼로, 두 여인의 전혀 다른 삶 속에서 인당에 있는 감춰진 비밀을 보았다. 인당은 좌우 눈썹 사이를 말한다. 미간 또는 명궁이라 하고 인상학에서는 '행운을 부르는 대문'으로 설명한다. 희망하는 바를 관찰하는 곳으로 해당되는 운기는 28세나 평생의 운을 본다. 사람의 운명을 나타내기도 할 만큼 중요해서, 상을 볼 때 인당을 제일 먼저 보기도 한다.

인당은 적당한 넓이, 수평보다 도톰할 정도의 두께, 맑은 색이어야 좋다. 적당한 넓이란 500원짜리 동전 크기나, 자신의 둘째와 셋째 손가락이 들어갈 정도를 말한다. 인당이 좋으면 크게 발전하고 명성을 얻을 기회도, 일생을 두고 전화위복의 기회도 많다. 여성의 인당이 좋으면 심장, 폐, 자궁이 튼튼해서 건강하고 남편의 사랑을 받는다. 이해성이 많고 아량이 넓은 사람은 확실히 인당이 좋다. 학업성적도 우수하고 모범적인 학생이 자라면서 모든 일이 순조롭게 이어진다면 이마, 눈썹과 함께 인당이 좋은 경우가 많다. 어른이 되어서도 큰 사업을 성공시키고, 무엇을 하든 여러 사람의 우두머리가 될 확률이 높다. 인당만 확실하게 좋아도 건강도 운도 좋다.

인당이 너무 넓은 사람

조직생활에는 맞지 않아서, 옛날에는 '밥 먹고 살기 어렵다'고 했다. 계획을 세워서 일하는 것과 매이는 것을 싫어해서 일자리를 구하지 못했기 때문이다. 매사가 느긋하고 영혼이 자유로워서 자기 마음 가는대로 생활하는 사람이다.

그러나 오늘날에는 구속받지 않으면서 자유롭게 개성을 살릴 수 있는 다양한 직업이 많다. 방송인 김제동처럼 연예인들 중에는 인당이 아주 넓은 사람이 많다. 구속받는 것은 싫어하지만 스케일이 크고, 사교성도 좋으며, 낙천적인 성격을 가지고 있다.

인당이 좁은 사람

치밀하고 꼼꼼해서 융통성은 없는 편이다. 너무 좁으면 성질이 까다롭고 자기고집만 내세워서 속이 좁다는 소리를 듣는다. 인당이 좁다는 것은 미련 眉連:눈썹이 가깝게 붙어 있음을 뜻하는데 미련이 나쁜 것만은 아니다. 미련이 담벼락을 뚫는다는 말이 있다. 인당이 좁은 사람은 일을 시작하면 답답하기는 하지만 대신 끈기가 있다. 일찍 출세하는 타입은 아니나 꾸준한 성실함으로, 40세가 지나면서 운이 풀리는 대기만성형이다. 인당이 좁은 사람을 살펴보면 지저분한 잔털이 잠식한 경우가 많다. 이럴 때는 깨끗하게 다듬어주면 훨씬 깔끔해 보이고 운이 열리기도 한다.

인당에서 운기를 볼 때는 '넓다, 좁다'만으로 단정 지을 수는 없다.

주변의 다른 부위도 살펴봐야 하고, 아무리 넓고 좋게 생겼어도 색이 어두우면 소용이 없기 때문이다.

시험운, 승진운, 소송 중인 재판 등은 인당의 기색에 따라 결과가 달라진다. 대학입시를 앞둔 수험생이 인당의 색이 어둡다면 평소의 실력을 기대할 수 없다. 긴장감을 풀고 며칠 전부터는 숙면을 취하면서 마음을 편하게 다스려야 한다. 그 외에도 흉터나 기미, 사마귀, 주름살 등이 없어야 한다. 중년의 완고함은 노화의 지름길이 되어 고집만 더 세지고 편협해져서 인당에 주름을 만든다. 매사에 웃으며 털어버리면서 내려놓는 습관이 필요하다. 그러면 성격도 낙천적이고 느긋해진다.

인당에는 어떤 흠도 없이 밝고 아름다워야 한다. 장애물이 되는 주름은 웃음이란 다림질로 쫙 펴서 행운이 들어오는 길을 넓혀 주자. 역시 웃어야 복이 온다.

쌍둥이는 삶이 같을까?

사만다와 아나이스는 1987년 부산에서 태어나 생후 3개월 만에 각각 미국 버지니아와 프랑스 파리로 입양됐다. 25년간 서로의 존재는 물론, 자신이 쌍둥이라는 사실조차 모른 채 8000㎞나 떨어져 살았다. 그러다 두 사람은 우연히 인터넷에서 마치 영화처럼 자신의 쌍둥이 자매를 찾았다. 첫 스카이프 영상통화를 했을 때, "처음에는 그냥 서로의 얼굴을 쳐다보기만 했었다"고 말했다. 두 사람은 서로의 잇몸이 어떻게 생겼는지, 귀 모양이 어떤지 보여주었다. 똑같은 얼굴로, 웃는 모습과 헤어스타일까지 닮아 있었다. 비슷하게 생긴 정도가 아니었다. 내가 아니었지만 상대는 마치 내가 아는, 꿈속에서 나왔던 사람처럼 느껴졌다고 한다. 26년 만에 만난 두 사람은 서로 머리부터 발끝까지 '나'였다. 극적으로 만난 사만다와 아나이스는 다른 쌍둥이와 달리 놀라울 만큼 똑같다.

쌍둥이 자매인 사만다와 아나이스의 얼굴에는 인상학적으로 어떤 의미가 담겨있을까? 미국으로 입양된 사만다는 보스턴 대학 졸업 후 배우와 연출자로, 아나이스는 런던 패션학교 센트럴 세인트 마틴 대학을 졸업한 패션 디자이너로 활동하고 있다. 둘 다 양부모의 사랑을 듬뿍 받으며 부유한 가정에서 자랐다.

사만다와 아나이스의 이마는 넓고 둥글게 잘생겼다. 친부모한테는 좋은 머리를 물려받았고 양부모의 사랑으로 보살핌을 받은 것은 잘생긴 이마에서 나오는 좋은 기운 때문이다. 비록 입양되었지만, 좋은 환경에서 사랑받으며 자랐으니 다행이고 행운이었다. 보통의 일란성 쌍둥이들은 어릴 때는 구별 못할 만큼 똑같다가 자라면서 또는 어른이 되면서 얼굴이 많이 달라진 경우를 볼 수 있다. 그들의 살아가는 환경도 삶도 다르기 때문이다. 그러나 26년 만에 만난 두 사람은 머리부터 발끝까지 똑같았다. 자라면서 생모에게 버려졌다는 감정도, 피부색이 다른 입양아로서 가졌던 상처도 같아서일까? 양부모에게 사랑을 받으며 좋은 환경에서 비슷한 삶을 살았기 때문일까? 그들은 쌍둥이로 태어난 아기 때의 얼굴이 거의 변하지 않았다.

그러나 생김새는 복사해 놓은 듯 똑같지만, 자세히 살펴보면 조금씩 다르다는 것을 알 수 있다. 무슨 차이일까?

미국으로 입양된 사만다는 다행스럽게도 그곳에서 새로운 부모뿐만 아니라 두 명의 오빠를 만났고, 피부색이 다른 동양 아이에 대해서 크게 이질감을 갖지 않는 동네에서 자랄 수 있었다.

하지만 아나이스는 프랑스인 양부모의 외동딸로 자라면서, 동네 아이들로부터 "너는 왜 다르냐"라는 질문과 시선을 받으면서 성장했다. 사만다는 입양에 대한 부정적인 생각을 갖지 않았지만, 아나이스는 친부모에게 버림받았다는 생각을 하면서 자랐다. 그리고 외동딸이어서 늘 외로웠다. 그래서인지 사만다는 아주 외향적이며 적극적이고, 아나이스는 차분하고 조용한 성격이다.

인터뷰에서도 사만다가 항상 먼저 대답하면 아나이스는 기다렸다가 대답한다. 배우이자 연출가인 사만다는 다양한 표정을 짓고 많은 말을 하며 많이 웃지만, 패션 디자이너인 아나이스는 생각과 집중을 많이 한다. 그래서인지 사만다의 얼굴에서 적극성을 말하는 광대뼈가 더 돌출했고, 콧방울도 더 발달했으며, 입꼬리도 더 올라간 것을 볼 수 있다. 사만다가 적극적으로 얼굴의 근육을 더 많이 움직였다면, 아나이스는 그렇지 않았다는 뜻이다. 이런 차이가 미세하지만 두 사람의 인상 차이로 나타난 것이다.

질문 – 쌍둥이는 삶이 같은가요?
답 – 아니다.

둘의 얼굴은 구분할 수 없을 만큼 똑같아서 데칼코마니 같다. 심지어 웃는 모습과 헤어스타일, 치아와 목소리, 주근깨까지 닮았다. 외모와 체형은 물론이고 좋아하는 것, 싫어하는 것, 무의식적 사고와 행동까지도 놀라울 정도로 닮았다고 한다. 이 정도로 닮은 쌍둥이도 드물다. 그러나 둘의 자란 환경이 똑같을 수 없듯이, 생김새가 100% 일치할 수 없는 것이다. 쌍둥이의 삶이 다르기에 그들의 얼굴도 조금씩 달라지는 것이다. 눈빛, 탄력, 입술 조임, 찰색이 다르다. 그러니 쌍둥이의 삶도 같을 수는 없다.

두 자매는 태어난지 3개월 만에 입양되어 입양아로 자랐지만, 주어진 환경에서 열심히 살았다. 그들의 올라간 눈매와 입꼬리, 적당히 돌출한 광대뼈, 탄력 있는 콧방울에서 그동안 얼마나 밝고 적극적으로 살았는지 알 수 있다. 지금은 런던과 파리, 뉴욕과 로스엔젤레스를 오가며 함께 행복한 시간을 보낸다.

운명의 장난으로 핏덩이 때 헤어졌다가, 기막힌 운명으로 다시 만난 사만다와 아나이스. 좋은 양부모를 만났듯이 앞으로 좋은 배우자를 만나 같은 또는 비슷한 삶을 산다면 쌍둥이 자매의 얼굴은 앞으로도 구별할 수 없을 만큼 거의 같을 것이다. 그렇게 되기를 바래본다.